APOCALIPTICISMO:
Creencia, Duda, Fascinación y Temor al fin del mundo

Raúl Zaldívar

EDITORIAL CLIE
C/ Ferrocarril, 8
08232 VILADECAVALLS
(Barcelona) ESPAÑA
E-mail: libros@clie.es
http://www.clie.es

Raúl Zaldívar
APOCALIPTICISMO: creencia, duda, fascinación y temor al fin del mundo
D.L.: B-12502/2012
ISBN: 978-84-8267-716-3
Clasifíquese: 1345 - Controversia Futurista
CTC: 03-21-1345-04
Referencia: 224777

CONTENIDO

PRÓLOGO

Esta obra tiene su lugar dentro de la literatura inédita contemporánea. Es un libro que examina el apocalipticismo desde ángulos diferentes. Mi buen amigo, Raúl Zaldívar, ha sido capaz de observar varios escenarios diferentes que encaran lo intrigante, fascinante y hasta temerario de la literatura apocalíptica actual. Él se ha dado cuenta de la importancia que tiene un estudio como este, sobre todo al ofrecer respuestas a preguntas inevitables dentro del marco escatológico.

Todo comenzó con una invitación que le enviara el Seminario Sudamericano (*semisud*) para participar como conferenciante en el Programa Intensivo de Desarrollo Ministerial (*pridemi*) que anualmente realiza dicha institución. Cuando el comité organizador pensó en los eruditos idóneos para presentar el tema del apocalipticismo, el nombre de Raúl Zaldívar surgió entre otros. La abundancia de predicciones apocalípticas ha motivado al semisud a interesarse por ofrecer respuestas sustanciales que expliquen sobre lo que está en boga. Lógicamente, la comunidad espera que del seminario se inicie un proceso que ofrezca respuestas y alternativas ante la presión que causa la riada escatológica más reciente.

Raúl Zaldívar es un teólogo emprendedor y dinámico. Los nuevos desafíos del pensamiento cristiano lo estimulan a producir Teología. Esta es una de las razones por las que una investigación exhaustiva sobre el tema del apocalipticismo contemporáneo no le intimida ni le hace retroceder. Con mucho entusiasmo se ha dedicado a estudiar y escribir sobre el tema. Esa dedicación le llevó a la conclusión que un libro de esta naturaleza tenía su lugar. En esta obra el lector podrá seguir un método analítico crítico que le permitirá encontrar soluciones a la problemática predictiva del apocalipticismo. También podrá formarse criterios teológicos idóneos que le guiarán a adoptar posiciones objetivas centradas en el fundamento de una interpretación sólida de la Escritura y su relación con los eventos actuales.

El tema del apocalipticismo ya no es solamente religioso. Por ejemplo, los científicos se refieren a eventos escatológicos con mucha más insistencia que los teólogos cristianos. Por otro lado, la producción cinematográfica no se ha quedado atrás. Hollywood ha continuado explorando los eventos del porvenir con marcada insistencia. Es más, los predictores del futuro han insistido en señalar escenarios escatológicos significativos que apuntan hacia el fin del presente orden de cosas en el mundo. Muchos hoy investigan y calculan el fin del mundo basados en predicciones como las de los mayas en Centroamérica, por ejemplo. Según el calendario maya, el año 2012 es crítico para el cumplimiento de los eventos que conducirán al fin del mundo. Todo este contexto genera expectación, temor, incertidumbre y fascinación, todo depende del interés o la actitud con la que las personas enfrentan el tema apocalíptico. Acá también cabe señalar la explotación del temor de la gente común por parte de los medios de comunicación y del mercado. Muchos apocalipticistas o escatólogos parecen estar dispuestos a capitalizar sobre la necesidad de información del pueblo.

Ante estos y otros escenarios apocalípticos se hace necesario estudiar un libro como el que acá nos presenta Raúl Zaldívar. Con su estilo típico del teólogo que desafía las corrientes tradicionales del pensamiento, desde su observación participante y su investigación literaria, Zaldívar presenta opciones viables para el análisis de la literatura apocalíptica y las predicciones contemporáneas que apuntan hacia el fin del presente orden del mundo. Esta obra no estaría completa si no presentara opciones para un futuro bueno a favor la raza humana y su universo. Desde su posición evangélica, Zaldívar explica el propósito de Dios para el mundo y para la humanidad. No solo nos señala que hay un futuro integrado en la voluntad de Dios, también nos explica cómo es que el fundamento del Evangelio en la persona de Cristo Jesús completa el ciclo escatológico a favor de la humanidad, que es redimida por medio de su sacrificio en la cruz. Aquellos que han recibido a Cristo y le permiten que gobierne sobre sus vidas tienen la seguridad del cuidado y la protección de Dios, aun cuando tengan que pasar por los eventos escatológicos descritos en la Biblia y las múltiples predicciones del fin de todas las cosas.

Aunque este libro debe ser estudiado en el contexto de los eventos predichos para el año 2012 y los acontecimientos que ocurren en este tiempo, su pertinencia trasciende el tiempo y puede ser aplicado a cualquier época. Mi recomendación es que se estudie junto a las lecturas escatológicas de esta generación. Es una obra que no debe faltar en la biblioteca y en el estudio personal de hombres y mujeres responsables. Además, debe ser de edificación para la congregación a través de estudios apropiados para el tema.

Miguel Álvarez
Rector del Seminario Sudamericano (semisud)
Quito, Ecuador

INTRODUCCIÓN

Apocalipticismo:[1] *Creencia, Duda, Fascinación y Temor al fin del mundo* es un intento del autor de enfocar el tema de la escatología desde un ángulo diferente al que tradicionalmente se ha enfocado.[2] En primer lugar, ratificar el sentimiento de

[1] En relación con cuál es la palabra correcta, si 'apocalipsismo' o 'apocalipticismo', la especialista en gramática castellana Hilcía Hernández, de nacionalidad hondureña, se expresa de la siguiente manera: «…desde el punto de vista morfosemántico, cabría formar un derivado con los sufijos -ista / -ismo a partir del sustantivo 'Apocalipsis' ('apocalipsismo', 'apocalipsista') o a partir del adjetivo 'apocalíptico' ('apocalipticismo', 'apocalipticista'). Ambos derivados se documentan esporádicamente, sin que ninguno de ellos haya llegado a asentarse en el uso. Si bien en la mayoría de los diccionarios no aparecen estas voces (verifíquelo usted mismo en el CORDE y el CREA), el *Diccionario del español actual* (Seco, Andrés y Ramos, 2000) recoge la forma 'apocalipticismo' con el sentido de 'creencia en un inminente fin del mundo', si el tema que usted está tratando tiene que ver con esta significación, le recomiendo este uso, ya que así se encuentra lexicográficamente registrado; sin embargo, ambos términos son gramaticalmente correctos. Mi criterio es que, al no estar registrados en el DRAE ni en el DPD, y ya que ambos términos presentan ambigüedad en cuanto a su significación ( ) entre tanto NO haya una definición establecida por el DRAE, la lexicografía sugiere utilizar la palabra que muestre mayor frecuencia de uso en medios escritos, orales y telemáticos.»

[2] En los últimos años, la escatología se ha presentado como una ciencia en blanco y negro, tomando partido y excluyendo a los integrantes del bando contrario. Se han presentado las conclusiones exegéticas como verdades incuestionables, cuando lo correcto hubiera sido concederles el margen duda a que por naturaleza son acreedoras. Cuando se afirma en esta introducción que nuestro enfoque no sigue los lineamientos tradicionales, nos estamos refiriendo a que intentamos no tomar partido y por eso el subtítulo de este trabajo es Creencia, Duda, Fascinación y Temor al fin del mundo. Incluimos la palabra duda, porque la historia se encarga de probarnos, que en estos temas nadie tiene ni la primera ni la última palabra.

fascinación que produce en la mente y corazón de las personas esta temática y lo produce porque en nuestro ADN traemos los elementos necesarios que provocan las reacciones químicas que suceden cuando abordamos este tema. Esto da origen al éxito de las producciones humanas basadas en este elemento de fascinación, como la literatura, la cinematografía y el arte en general que generan cualquier cantidad de dinero a favor de aquellas personas que tienen el talento de explotar este hecho.

Otro de nuestros cometidos en este trabajo es dejar claro que no debemos ver el Apocalipsis como algo futuro ni como algo pasado[3] sino como algo actual que obedece a un plan divinamente trazado, que ha seguido su marcha por los siglos hasta el momento en que Dios ponga punto final a la Historia. En ese sentido, no se presenta a los juicios simbolizados por los jinetes del Apocalipsis como acontecimientos de un lejano pasado o futuro sino como eventos actuales y que van en continua progresión hasta el cumplimiento del propósito final de Dios establecido antes de que el mundo fuese.

En tercer lugar, se presenta cuál debe ser la actitud de la Iglesia ante los inevitables hechos del fin del mundo, destacando sobre todas la cosas el respeto inalterable que todos debemos guardar ante la majestad de la Palabra de Dios, que si bien es cierto, es la fuente de la teología, la misma no tiene ni un ápice de teología; en otras palabras, el Apocalipsis no es premilenarista-dispensacionalista o amilenarista, es simplemente la Palabra de Dios a la que nosotros interpretamos según creemos el Espíritu nos guía, pero que nuestra interpretación no es la ley de Media o Persia, es simplemente un razonamiento sujeto a errores. De ahí la exhortación a enfocarnos en las

---

3 Las escuelas escatológicas se han ido a los extremos, la escuela preterista por ejemplo, interpreta el Apocalipsis en el pasado vis a vis la escuela futurista que interpreta esta profecía de una forma literal y en el futuro. En este trabajo, nos hemos apartado de ambas posturas y presentamos el tema escatológico como algo actual, aunque la etimología de la palabra escatología parezca contradictoria con nuestra afirmación.

doctrinas pétreas de la escatología y no en aquellas a las que llamamos periféricas y debatibles.[4]

El final de todo este discurso es que habrá, sin duda, un día de dolor y amargura para aquellos que se pierden y un día de regocijo y fiesta para aquellos que somos salvos. Queda entonces suficientemente claro que un nuevo día se acerca, que el fin del mundo no está en el tapete de la discusión, que es un hecho incuestionable e indubitado que ocurrirá el día y la hora que solo Dios en sola potestad conoce y que deliberadamente ha escondido del conocimiento humano.

Antes de finalizar con esta introducción al tema, es de capital importancia dejar claro que el autor no ignora que el Apocalipsis de San Juan es un libro, entre tantos que pertenecen al género apocalíptico o literatura apocalíptica judía[5] que floreció en el período intertestamentario y en los primeros años del cristianismo. En resumen, lo que se afirma son dos aspectos claves: primero, que conocemos los argumentos racionalistas y mal intencionados[6]

---

[4] *Vide infra*, nota 128.

[5] A gran parte de esta literatura se le conoció como pseudoepígrafe. Para mayor información sobre el período donde surge esta literatura y alguna información sobre la misma, se recomienda la siguiente bibliografía: RUSSEL, D. S. *El período intertestamentario*, ed. Casa Bautista de Publicaciones, 1983, 3.ª ed. IRONSIDE, *De Malaquías a Mateo, 400 años de silencio*, Barcelona (España): ed. CLIE, 1990. SMITH, W., *Entre los dos Testamentos*, Barcelona (España): ed. CLIE, 1985. JOSEFO, Flavio. *Las guerras de los judíos*, Barcelona (España): ed. CLIE, 1990; tomos I y II. JOSEFO, Flavio, *Antigüedades de los judíos*, Barcelona (España): ed. CLIE, 1988; tomos II y III. Para un estudio más detallado de esta literatura se recomienda: DÍEZ MACHO, Alejandro, *Apócrifos del Antiguo Testamento*, España: Ediciones Cristiandad, 1982-1984; tomos I a V. ARANDA PÉREZ, G., F. García Martínez y M. Pérez Fernández, *Literatura judía intertestamentaria*, España: ed. Verbo Divino, 1996. OTERO, Aurelio do Santos, *Evangelios apócrifos*, España: ed. BAC, 2005. DELCOR, M. y F. García Martínez, *Introducción a la literatura esenia de Qumran*, España: Ediciones Cristiandad, 1982.

[6] Un ejemplo de esto es el escrito de J. J. Benítez, *El Testamento de San Juan*. En el mismo inicio del libro J. J. Benítez señala: «El presente documento no es fruto de mi imaginación. Las crudas afirmaciones que en él se vierten proceden de una revelación, otorgada al mundo hace medio siglo y custodiada hasta hoy por la denominada "Fundación Urantia". Con mi agradecimiento a dicha fundación, por haberme permitido beber en sus —para mí— sagradas fuentes. La Iglesia conoce esta revelación [probablemente se refiera a la Iglesia Católica: recordemos que Benítez es español; sin embargo tal acusación atañe directamente a la Iglesia evangélica] pero, obviamente, la ha silenciado y rechazado, de igual modo que los "instalados en el poder" solo bendicen y hacen suyo aquello que les beneficia». La

del mundo secular tratando de hacer ver el Apocalipsis de San Juan como uno más del montón,[7] poniéndolo en la misma categoría de los tratados apocalípticos apócrifos.[8] El segundo aspecto que queremos significar es que hemos hecho nuestro trabajo en el sentido de analizar y valorar qué es mito y qué es realidad, y la conclusión solo puede ser una: el Apocalipsis de San Juan, es Palabra de Dios, revelación pura que sale del trono de Dios para darnos a conocer aspectos relacionados con la segunda venida de Cristo y el final de este sistema gobernado por Satanás.

Finalmente, desear que este trabajo de investigación nos haga reflexionar sobre el tema y, sobre todas las cosas, a no presentar especulaciones teológicas como verdades de quinta esencia, porque los dogmas periféricos de la escatología son simples tesis que como pueden ser, pueden no ser, empero ratificar con certeza aquellas verdades cardinales de esta ciencia como lo es la segunda venida de Cristo, el juicio final, la resurrección o el fin del mundo, entre otras doctrinas.

Raúl Zaldívar
Jacksonville, Florida, junio del 2011

Fundación Urantia, a la que se refiere Benítez fue instituida en 1950 para custodiar el texto original de *El libro de Urantia* y asegurar la difusión de sus enseñanzas, con la ayuda de los lectores y las organizaciones fraternales. El objetivo de este sitio es dar servicio a la comunidad de lectores de *El libro de Urantia*, y de ningún modo implica responsabilidad hacia ningún individuo, grupo religioso u organización social. Su sede principal está en la ciudad de Chicago. Para entender la dimensión de cómo la erudición heterodoxa puede tergiversar el mensaje de la Palabra de Dios, se recomienda altamente BENÍTEZ, J. J., *El Testamento de San Juan*, España: Editorial Planeta. 1994.

[7] La aclaración se efectúa en virtud de que existen una serie de libros que consideran el tema del fin del mundo y la revelación de San Juan como una fabricación de la cultura occidental y que esta es simplemente una historia entre muchas historias. Uno de esos autores racionalistas que dedica toda su energía para probar la futilidad del Apocalipsis es Jonathan Kirsch. *Vide passim*, KIRSCH, Jonathan, *History of the end of the World*, Harper San Francisco. 2006.

[8] Entre los libros más conocidos se pueden citar: El Testamento de los doce patriarcas, el Libro de Enoc, el Testamento de Moisés, Los oráculos sibilinos, La asunción de Moisés, *inter alia*. *Vide supra*, nota 5 de pie de página, donde se enumeran algunos libros donde se encuentra información sobre esta literatura.

CAPÍTULO 1

El Apocalipsis:[9] fascinación y negocio

Al hablar de fascinación nos referimos a la atracción que los seres humanos sentimos por algo, en este caso específico por el Apocalipsis, que en realidad lo que produce es un efecto paradójico, es decir, por un lado causa fascinación pero por el otro nos espanta; a esto le podemos llamar el efecto paradójico[10] de Apocalipsis, al cual nos referiremos más adelante. Se mira también al Apocalipsis como algo misterioso, lleno de simbolismos fantásticos y enigmas que nos invitan a la especulación de cómo será el fin del mundo y esto, como es lógico, fascina y espanta.

---

[9] 'Apocalipsis' es una palabra griega que hemos castellanizado y que significa 'revelación', como fue traducida en la Biblia en el idioma inglés. En nuestra jerga diaria, una cosa es revelación y otra es Apocalipsis. 'Revelación' es dar a conocer algo desconocido y 'Apocalipsis' es fin, desastre y juicio. La intención del hagiógrafo en este caso es revelar el plan de Dios para el fin, no hablarnos de desastres y fatalidades. Son dos cosas bien diferentes.

[10] Es importante aclarar que el efecto paradójico al que nos referimos aquí es producido en toda su dimensión en aquellas personas que no son cristianos. Para nosotros el Apocalipsis es o debería ser la revelación de Dios que crea un expectativa o esperanza en la *parusía* del Señor.

15

Una de las características de los seres humanos es la curiosidad, queremos saber qué va a pasar, y Apocalipsis es el escrito que despierta esa curiosidad por excelencia y nos invita a dar explicaciones y exponer teorías. En este apartado hablaremos todo lo relacionado al origen de esa fascinación (A) para luego abordar lo relacionado a los resultados de la misma (B).

A. Origen de la fascinación: el chip[11] decretado[12] por Dios

Ya al final de la Edad Media hubo un álgido debate en el sentido de si el ser humano nacía con ideas preconcebidas o si era simplemente una *tabula rasa*.[13] Lo cierto es que hay dos factores que es preciso tomar en cuenta: Primero, al ser criaturas hechas a la imagen y semejanza de Dios no podemos ser *tabulas rasas* en las que se comienza a escribir a partir de nuestro nacimiento, y, segundo, como miembros de la raza humana

---

[11] Un circuito integrado (CI), también conocido como *chip* o *microchip*, es una pastilla pequeña de material semiconductor, de algunos milímetros cuadrados de área, sobre la que se fabrican circuitos electrónicos, generalmente mediante fotolitografía, y que está protegida dentro de un encapsulado de plástico o cerámica. El encapsulado posee conductores metálicos apropiados para hacer conexión entre la pastilla y un circuito impreso.

[12] Los decretos divinos son una doctrina ampliamente tratada en la Teología Sistemática. En el caso que nos ocupa se está hablando de un decreto ejecutivo de Dios, es decir, un acto soberano, sabio y eterno de Dios, mediante el cual Él directamente determina que todo ser humano que nazca, nacerá con la idea de Dios, del fin del mundo, entre otras muchas cosas. A este decreto ejecutivo de Dios le llamamos el *chip*.

[13] En la Edad Moderna hubo debate entre los filósofos que se llamaron racionalistas y los empiristas. Entre los primeros estaban Descartes, Spinoza y Leibniz, que sostenían que las ideas innatas eran una realidad; ellos aseguraban que las ideas innatas «Son las ideas que se encuentran en nuestra mente antes de cualquier experiencia o percepción del mundo. La más importante es la idea de Infinito o Dios. Han sido implantadas en nuestra mente por Dios»; *contrario sensu*, los empiristas, entre quienes estaban, Hobbes, Locke y Hume, quienes sostenían que la experiencia como criterio o norma de verdad en el conocimiento, es decir, todo aquello que no pueda ser probado mediante la experimentación no puede ser cierto. En este sentido las ideas innatas de las que hablaban los racionalistas son una mera quimera. Sobre este tema se recomienda PHELAN, J. W. *Philosophy: Themes and thinkers*, Cambridge University Press, 2005. *Cfr.* pág. 5 y sigs.

caída, somos herederos, por decreto divino del pecado innato con todas sus consecuencias.

Entrando en materia y dando en el blanco, todos los seres humanos nacemos con un chip, para usar la terminología de la posmodernidad, en el cual traemos la tendencia a hacer lo malo, o la creencia en un ser superior o en la convicción del fin del mundo, *inter alia*. En conclusión, cada individuo que nace trae consigo la idea de que un día este mundo tendrá un final. Como es lógico, el chip se activa siempre que somos expuestos a estos temas, no importa el ambiente donde estemos, siempre vamos a reaccionar de una manera u otra, pero siempre habrá una reacción. Es como cuando una persona conecta un aparato en un tomacorriente: es completamente correcto que la energía activará el aparato y hará que este funcione. Cuando somos conectados con cualquiera de los temas con los que Dios nos ha programado, como el fin del mundo, pues vamos a reaccionar; Dios nos ha creado con ese chip, siempre habrá una reacción.

Bajo este epígrafe veremos los resultados que produce el tener este chip por decreto divino.

1. El chip produce una paradoja: fascina y da miedo

En efecto, el tema del fin del mundo es una paradoja porque por un lado atrae a la gente y por otro la espanta. Nos atrae porque todos queremos saber qué va a pasar, de manera que cuando los teólogos nos explican sus teorías quedamos con la boca abierta y muchas veces creemos todo lo que nos dicen, incluso lo repetimos, sin pasarlo por el tamiz del análisis, a otras personas a quienes presentamos estas teorías como verdades de quinta esencia. Pero cuando se nos habla de juicio, de los tres seises, de hambre, de muerte o la gran tribulación, pues nos espantan, nos da miedo y no tenemos ningún problema en elaborar una teología que pruebe que la Iglesia no va a experimentar todas esas calamidades que nos indican van a ocurrir en este planeta, en ese sentido, una teología como la dispensacionalista, que afirma, entre muchas otras cosas, que la Iglesia no pasará por la gran tribulación[14] no tenemos problemas ni para elaborarla ni para creerla porque esos temas de desastres y tribulación simplemente nos espantan.[15]

2. El chip puede producir la charlatanería[16] apocalíptica

De la época de los tesalonicenses hasta ahora, mucha agua ha caído en este mundo. Fue allá, en aquella iglesia de Europa que surgió la primera confusión sobre el tema del fin del mundo y la segunda venida de Cristo. A raíz de la confusión que aquellos profetas y sus profecías estaban causando se hizo necesaria la intervención oportuna de Pablo[17] quien aclaró todo lo referente a este tema, sin embargo, pareciera que dicha aclaración no fue entendida y en el transcurso de la historia no han faltado individuos que se han considerado a sí mismos iluminados del Espíritu y han hecho cualquier suerte de profecías que los indoctos han creído y, como es obvio, nunca se cumplieron.

---

14 La Teología Dispensacionalista enseña que una vez que termina el paréntesis de la Iglesia, comienza la semana setenta de Daniel, es decir, los últimos siete años antes de la segunda venida de Cristo. El inicio de la semana setenta está marcada con el levantamiento del Anticristo y el inicio de un período al que se le llama «la gran tribulación», que es un período de una serie de juicios donde ocurrirán cosas terribles. La Iglesia habrá sido raptada al inicio del período y por lo tanto no experimentará la situación caótica que la humanidad experimentará. *Cfr.* CHAFER, L. S. *Teología Sistemática*, USA: Publicaciones Españolas, 1988. LA CUEVA, Francisco, *Curso de formación teológica*, España: ed. CLIE.

15 Dicha declaración no debe entenderse como que estamos desvirtuando al dispensacionalismo, el cual es un pensamiento periférico del cristianismo que puede o no ser cierto total o parcialmente, como cualquier otra doctrina periférica de la Iglesia.

16 Para evitar cualquier mal entendido es menester aclarar que entendemos por charlatán, a aquel individuo que *habla mucho y sin sustancia*. Tan sencillo como eso.

17 A Primera y Segunda de Tesalonicenses se les denomina las epístolas escatológicas porque en ellas Pablo corrige errores evidentes de esta iglesia en relación con la parusía del Señor. Se cree que fueron de las primeras cartas escritas por Pablo en el año 51 d. C.

Gracias al chip del fin del mundo con el que todos nacemos, es que se han dado las condiciones para que exista una serie de charlatanes que en diferentes momentos de la historia han fabricado profecías o mejor dicho, vaticinios ridículos acerca del fin del mundo. Han dado fechas o en su defecto han preconizado la inmediatez de estos acontecimientos. A continuación se citan algunos de los fiascos más conocidos:[18]

Año 1033. Rodulfus Glaber (c. 985-1047), aseguraba que el final vendría en 1033 —a mil años de la muerte de Cristo— pero nada sucedió.

Año 1666. Un año que demostró ser especialmente popular para las profecías fue el 1666, por la combinación de los mil años del primer milenio con la marca de la bestia del Apocalipsis (666). Sorprendentemente, resultaron ser totalmente erróneas, con la excepción del gran incendio que destruyó Londres ese año, matando a cientos y destruyendo setenta mil hogares en la ciudad.

22 de octubre de 1844. Esta fue la fecha escogida por William Miller (1782-1849), predicador laico metodista, masón, militar, agricultor y jefe cívico local en Low Hampton, al este de Nueva York. Miller, quien también fue un estudioso de la historia y la profecía bíblica, comenzó a predicar en 1831 el inminente segundo advenimiento de Cristo para 1844. Cuando nada ocurrió, Miller aseguró que se trataba de un error matemático y declaró que "el año" sería 1845. Cuando nada pasó, nunca más nadie le creyó.

---

[18] Esta información fue tomada de la página de internet de Univisión donde se mencionan las diez predicciones que aquí se exponen. *Vide* <http://mix983.univision.com/fotos/slideshow/2011-05-23/diez-predicciones-fallidas-sobre-el-fin-del-mundo?refPath=/noticias/mundo/noticias-curiosas>. En esta lista solo se mencionan diez casos, sin embargo hay muchos más sobre este tema, empero los que se mencionan son quizá los que han tenido mayor trascendencia.

Año 1975. Los Testigos de Jehová han pronosticado el Día del Juicio Final en siete ocasiones. La primera fue en 1874, y luego sucesivamente predijeron el fin para los años 1914, 1918, 1920, 1925, 1941, hasta el último intento en 1975.

Año 1982. Este año dos astrofísicos profesionales, John Gribben y Plagemann Esteban, aseguraron que una extraña alineación de los nueve planetas daría lugar a una fuerza gravitatoria combinada que supondría enormes tensiones en la placas tectónicas de la Tierra, causando terremotos y cambios climáticos severos. El libro que escribieron juntos, *El efecto Júpiter*, causó un gran revuelo en su momento, pero después la alineación transcurrió sin incidentes. Si bien el efecto Júpiter resultó ser un fracaso, fue uno de los escenarios del fin del mundo en el que la naturaleza sería responsable del cataclismo en lugar de la ira de Dios.

Año 1988. El predicador Hal Lindsey, en su libro de 1970 *The Late Great Planet Earth*, delineó una notable cadena de acontecimientos destinados a culminar en triunfal retorno de Cristo al final de un año. Millones de cristianos vieron a 1988 como la fecha (el cuadragésimo aniversario de la creación del Estado de Israel). Aunque en verdad Lindsey nunca mencionó el año, era evidente por sus argumentos de que la década de 1980 fue descrita en el Libro de las Revelaciones.

Año 1990. La fundadora de la Iglesia Universal y Triunfante, Elizabeth Clare Prophet, (también conocida como Guru Ma), aseguró a su culto que la guerra nuclear comenzaría en 1990 y convenció a muchos de ellos para almacenar alimentos y armas de fuego en su refugio subterráneo en Montana. Nada de eso ocurrió, pero sí fueron acusados del delito federal de acaparar armas de fuego.

26 de marzo de 1997. Marshall Applewhite, líder de la secta La Puerta del Cielo, un tipo de religión-ovni, convenció a 39 de sus adeptos que cometieran suicidio masivo, como modo de salvación, ante la inminente destrucción de la Tierra por el cometa Hale-Bopp. Applewhite les aseguró que sus almas subirían a una nave espacial que, supuestamente, se encontraba detrás del asteroide.

Año 1999. El conocido psíquico Edgar Cayce (1877-1945) hizo una serie de terribles predicciones sobre cambios en la Tierra durante la década de 1930, las cuales fueron recogidas como presagio del fin. Cayce aseguraba que la batalla épica del Armagedón y la segunda venida de Cristo ocurrirían en 1999.

Año 2000. Al acercarse el año 2000, y con el cambio del nuevo milenio, expertos en computadoras predijeron que la aparición del fenómeno *bug* Y2K, 2000 produciría un eventual colapso de los sistemas basados en computadoras por causa de este problema y la catástrofe económica que se generaría pondría fin al mundo y a la especie humana.

Como puede observarse, esta ha sido una práctica inveterada del hombre en la cual ha publicado el día del fin del mundo. Los seguidores de estos líderes han creído tales predicciones y, como es lógico, el fiasco ha producido efectos nefastos. En el mundo secular esto solo ha servido para desacreditar la Palabra de Dios y hacer ver un tema tan serio y delicado como este como algo con lo que se puede jugar. Por esta razón es necesario oponerse a este tipo de vaticinios irresponsables porque los mismos tienen consecuencias internas y externas y el único que reditúa con ello es Satanás quien es el que en definitiva está tras bambalinas haciendo su *show*.[19]

En este nuevo milenio las cosas no han cambiado, y es así como vemos a Harold Camping de la prestigiosa Family Radio de Oakland, California, asegurar que el 21 de mayo era el día del rapto y el 21 de octubre del 2011 el fin del mundo.[20] La importancia del revuelo es que causó que gente se haya lanzado en una campaña millonaria con anuncios publicitarios en muchos países del planeta. Sin lugar a dudas es gente que maneja muchos recursos económicos o tienen feligreses que creen en sus predicciones porque el despliegue publicitario que hicieron por todas partes del planeta fue realmente espectacular.[21] Sobre este caso se ha pronunciado Alfonso Ropero en los siguientes términos:

---

[19] A raíz de todo esto, es que el texto nos advierte: «Porque se levantaran falsos Cristos, y falsos profetas, y harán grandes señales y prodigios, de tal manera que engañaran...». *Vide* Mateo 24:24

[20] En el libro *Ya casi llegamos*, de Camping, podrá Ud. encontrar mayor información sobre la actividad profética de este hombre. Son muchas las páginas que pueden encontrarse en internet que tratan este tema de Camping, algunos defendiendo sus predicciones y otros catalogándolo como falso profeta. *Vide* todo el libro en línea en la siguiente dirección: <http://worldwide.familyradio.org/es/literature/waat/waat _contents.html>

[21] El estadounidense Robert Fitzpatrick gastó todo su dinero en la campaña que anunciaba el fin del mundo. Pero cuando el reloj marcó las 6 de la tarde el pasado sábado 21 de mayo tuvo que aceptar que se había equivocado. «No entiendo por qué no ha pasado nada, —dijo desconcertado cuando esperaba en Times Square de Nueva York la llegada del Apocalipsis—. Hice lo que tenía que hacer. Hice lo que la Biblia dice —insistió—. ¿Cómo puede permanecer aquí todavía? ¿Cómo puede hacer esto? —dijeron algunos de los crédulos que llegaron también a esperar el momento fatal—. Obviamente no lo he entendido bien, porque todavía estamos aquí —admitió Fitzpatrick. El hombre, de 60 años, se gastó su jubilación por un valor de 140.000 dólares en publicidad para ayudar a difundir la «fatalidad» que se avecinaba. Como él, hubo fanáticos que habían regalado sus pertenencias terrenales anticipadamente para esperar el día final. Otros se regalaron largos viajes junto a sus seres queridos. Y muchos perdieron sus ahorros. Pero el pasado sábado debieron enfrentarse a la realidad. La vida sigue, la renta y los gastos mensuales también. Todos los que llegaron a Times Square respondían al mensaje de Hal Camping, quien afirmaba que el 21 de mayo sería el «día del juicio final» y el 21 de octubre será «el fin del mundo». Tomado de diario *La Tribuna*. Edición del 26 de mayo 2011. Tegucigalpa, Honduras.

… Míster Camping hizo una extensa campaña en la que gastó millones de dólares, la mayoría obtenidos de las donaciones de sus seguidores, en más de 5 000 carteles y vehículos con anuncios sobre el Día del Juicio. Según él, los verdaderos creyentes serían llevados de la Tierra al cielo, "arrebatados" al paraíso, el sábado 21 de mayo antes de que la Tierra y sus habitantes fuera consumida por una bola de fuego. "Sabemos sin lugar a dudas que va a suceder" la Biblia lo garantiza, afirmaba Camping una y otra vez por medio de los micrófonos de Family Radio, que transmite en más de 30 idiomas en emisoras de Estados Unidos y el extranjero ( ) No es la primera vez que este palabrero radiofónico ha tenido que explicar por qué falló su predicción. Antes había predicho que el Apocalipsis llegaría en 1994, pero aclaró que no ocurrió por un error matemático. Demencial, claro que lo verdaderamente increíble es la capacidad humana para tragarse todo tipo de patrañas y seguir a personajes de este tipo, sin reparar en absurdos y seguir apoyando a personajes que mienten descaradamente. Deben ser muchos los seguidores de Mr. Camping para que en un año de crisis, en 2009, la organización no lucrativa Family Radio que preside, declarara al fisco 18,3 millones de dólares en donaciones y bienes por más de 104 millones de dólares, incluyendo 34 en acciones y otros valores intercambiados públicamente. El cristianismo estadounidense, tan mercantilizado como está, es fácil presa de estos personajes maniqueos y vivarachos, que explotan a fondo la "enorme industria de la profecía del fin de los tiempos"…[22]

---

[22] *Vide* ROPERO, Alfonso, «El fin del mundo una vez más», <http://www.nihilita.com/2011/05/el-fin-del-mundo-una-vez-mas.html>

Para cerrar con este tema, citaremos a Lawrence E. Joseph, quien en su libro *Apocalipsis 2012* pronostica que el fin del mundo será el año 2012. Él apoya su tesis en que el calendario maya se acaba en dicho año,[23] además de que asegura que el volcán del Parque Nacional de Yellowstone entrará en erupción y que una gran tormenta solar nos alcanzará. A raíz de esta declaración se ha creado la página web Escape Earth 2012, que está vendiendo billetes para ir a otro planeta y así escapar del fin del mundo.[24]

Este tipo de cosas son realmente inverosímiles y no se explica lógicamente como en el siglo XXI haya personas que crean

---

[23] Un comentarista sobre este tema sostiene: «Es cierto que se acaba el calendario maya en dicho año, pero esto no implica realmente que se vaya a acabar el mundo por ello. Los mayas achacan a esta fecha la venida de la serpiente emplumada Quetzalcóatl y será el comienzo de una nueva era, o al menos así lo señala un códice encontrado en México en el 2004. Sin embargo, aparte de que no hay pruebas sobre la originalidad del códice, el hecho de que empiece una nueva era no quiere decir que el mundo se acabe. Simplemente el calendario maya se acaba y vuelve a empezar de nuevo con Quetzalcóatl como "invitado"» (Jorge Gustavo Lamadrid).

[24] La página <http://www.escapeearth2012.com> ha comenzado a vender billetes para un viaje espacial que pretende salvar a sus pasajeros del fin del mundo señalado para el 21 de diciembre del 2012. Tanto el pasaporte espacial como los billetes se pueden comprar desde 24,49 dólares (17 euros)... aunque no sean reales. Las teorías sobre el fin del mundo son muchas y variadas. Una que tiene un número considerable de seguidores es la de una profecía maya que aseguraba que se producirá el 21 de diciembre de 2012. La web *Escape earth 2012* confía en la predicción y está organizando un viaje espacial para poblar un nuevo mundo, «similar a la Tierra». En la página *Escape Earth 2012* se pone a disposición de los usuarios toda la información sobre el viaje. Según los responsables de la página, por 24,49 dólares, los usuarios pueden reservar un asiento en la nave *USS Arca* (*USS Ark*), que despegará antes del fin del mundo y dejará a sus pasajeros a salvo en otro planeta. En *Escape Earth 2012* se garantiza un 100 % de seguridad tras el Apocalipsis y se anima a los usuarios a comprar los billetes para familiares, amigos y mascotas. Los internautas solamente tienen que introducir sus nombres y pagar mediante cuenta Paypal o con tarjeta de crédito el «pasaporte intergaláctico». En la web explican que los billetes para la salvación les llegarán por correo, junto con un pasaporte intergaláctico, e incluyen espacio en la cápsula de sueño. En realidad, se trata de un original *merchandising* creado a raíz de las apocalípticas predicciones. En su *disclaimer*, *Escape Earth* advierte que la página ha sido creada para «hacer regalos divertidos que no debe ser tomada en serio». En este sentido, la compañía indica que «no pueden garantizar la supervivencia de nadie» en caso de Apocalipsis «ni proporcionar una nave espacial a un nuevo planeta (...) Esta historia se ha creado para acompañar al producto», advierte. En todo caso, la web advierte que las plazas «son limitadas» por lo que desde la web *Escape Earth 2012*, animan a los usuarios interesados en salvarse a que compren su billete cuanto antes. En la página se puede ver más información sobre el viaje, el juicio final y las predicciones mayas.

a charlatanes efectuar afirmaciones como estas. La gente de esta época que se declara inteligente y la generación más avanzada de toda la historia, sufre de pánico cuando escucha a estos charlatanes, aunque nieguen la existencia de Dios algunos, ellos en sus corazones saben que el fin del mundo es un hecho juzgado, por eso tiemblan cuando se oye hablar del tema y en el caso de los ingenuos, estos simplemente lo creen.

A pesar de haber etiquetado la labor *profética* de estos personajes como charlatanería, tal calificativo no significa que los cataloguemos como impíos o personas no salvas. Reconocemos que existen muchos que actúan con mucha sinceridad; sin embargo, están equivocados cuando caen en un terreno donde la Biblia expresamente señala que no debemos pisar. El tema de cómo será el fin del mundo no es una doctrina cardinal del cristianismo, aunque sí es cardinal lo del *día y la hora*, de manera que si un teólogo tiene una postura no ortodoxa y ha entrado en la dimensión de hacer cábalas sobre el día y la hora, no nos corresponde a nosotros condenarlo como persona, empero sí rebatir su teología que afirma algo que la Biblia misma enseña que no se puede afirmar.

3. El chip puede ser manipulado:[25] el que no trabaje que no coma

Como una cosa lleva a la otra, en Tesalónica, el mal entendimiento por parte de la Iglesia sobre la parusía del Señor había provocado un desorden completo, al extremo que unos parroquianos habían vendido sus propiedades y se habían quedado sin nada, visitando a los hermanos a las horas de las comidas, de ahí la exhortación paulina: «el que no trabaje que

---

[25] El chip o nosotros como seres humanos estamos expuestos a ser manipulados por Satanás si nosotros, ejerciendo nuestro libre albedrío, se lo permitimos.

no coma».[26] Una expresión metafórica que la podemos aplicar a cualquier contexto similar en el sentido que aquella persona que se deje manipular por Satanás va a sufrir las consecuencias, para el caso, el profeta o la profetisa que lance profecías en este sentido quedará en ridículo porque Dios no honra este tipo de vaticinios. Otra de las consecuencias de esta manipulación es que las personas pierden la paz pues entran en controversia con otras personas y su vida se vuelve lamentable. A este tipo de persona les queda bien la expresión *y el que no trabaja, que tampoco coma.* Es la relación causa y efecto.

Nuestra actitud en la vida debe ser siempre «trabajamos con afán y fatiga día y noche, para no ser gravosos a ninguno de vosotros...» [27] Lo que esto significa es que los cristianos debemos estar haciendo nuestra vida normal, cumpliendo con el propósito por el cual fuimos creados, no nos compete a nosotros saber el día y la hora de la parusía del Señor, lo único que nos interesa saber es que su segunda venida es inminente, es decir, puede ocurrir en cualquier momento y que será *como ladrón en la noche*, es decir, de sorpresa, cuando nadie lo espera. De manera que lo sensato es hacer nuestras vidas y vivir normalmente y esto significa que debemos estar preparados precisamente por la inminencia del evento.

---

26 2 Tesalonicenses 3:10
27 2 Tesalonicenses 3:8

B. Resultado de la fascinación: el negocio[28] escatológico

Como la escatología es un tema que fascina al hombre, pues hay que explotarlo, y es en ese sentido que aquellas personas que han logrado estudiar el tema y articular un pensamiento lógico, creíble y fantástico han convertido sus escritos en *best sellers*, pues créalo o no, la gente quiere saber en detalle acerca del fin del mundo: es en ese sentido que la escatología se ha convertido en un negocio. El asunto ha trascendido a la pantalla grande, las grandes compañías de cine han invertido sumas millonarias en producciones que explotan esta fascinación y la respuesta del público no se ha hecho esperar, se ha volcado a favor y ha creado un género supremamente rentable, que son las películas apocalípticas que combinan la ciencia ficción con la verdad dando como resultado un híbrido, pero que en esencia es la misma cosa, fascinación y espanto por los eventos del porvenir.

Bajo este apartado será objeto de estudio la producción del hombre tanto en el género escrito (1) como en el cinematográfico[29] (2).

---

[28] La palabra negocio no debe verse como algo peyorativo, aunque las editoriales siempre van a publicar temas de autores conocidos y que escriban sobre temas que la gente compra. Los temas escatológicos *per se* tienen poco atractivo, pues la gente no está interesada en teología abstracta y aburrida, pero si le ponemos una envoltura al estilo Hal Lindsey y le agregamos el elemento fantástico, pues entonces las cosas cambian. Finalmente, es oportuno aclarar que no es una contradicción la afirmación que la escatología atrae y que la escatología *per se* no. El *Sitz im Leben* es que la escatología, para que seduzca a la persona o provoque fascinación, debe estar presentada, tanto en su forma como en su fondo, de tal manera que provoque tal reacción.

[29] Aunque aquí solo se menciona el género literario y cinematográfico, el tema del fin del mundo también ha tenido un gran impacto en el arte, *verbi gracia, El juicio final* de Miguel Ángel en la Capilla Sixtina 1537-1541, o famosos cuadros como *El último juicio*, de William Blake, en 1808; *El último juicio*, de Jerónimo Bosch (El Bosco) en 1505. *Inter alia*, revelan la importancia de este tema para el ser humano.

1. Los libros de escatología son usualmente un *best seller*

Exceptuando lo que hace Dios, nada es creado *ex nihilo*, todo tiene origen. En el tema que nos ocupa, no existe duda de que las teorías darbistas que popularizan el dispensacionalismo,[30] dan origen a una serie de escritos que se van transmitiendo vía mentoría[31] hasta que uno de los discípulos logra organizar el material de la forma correcta, en el momento correcto, en la editorial correcta y en la coyuntura histórica correcta y llegamos a Hal Lee Lindsey[32] quien escribe *The Late, Great Planet Earth*,[33] publicado en el año de 1970 por Zondervan Publishing House y que se convirtió en el libro más famoso de Lindsey y en la obra más importante de la teoría dispensacionalista de la época. Posteriormente escribió *Armageddon* que se convirtió en un éxito de librería en el año 1974. Otros de sus

---

[30] *Vide infra*, pág. 56 y sigs.

[31] La historia señala que Moody recibió la enseñanza en una de sus visitas a Inglaterra, de él la toma Scofield, quien a su vez se la trasmite a Chafer y este la enseña en su seminario a todos sus discípulos. *Vide infra*, pág. 56.

[32] Lindsey nació en Houston, Texas, donde estudió por algún tiempo en la Universidad de Houston antes de ir a la guerra de Corea. Posteriormente estudió en el Seminario Teológico de Dallas donde sin lugar a dudas aprendió todo lo relacionado a la Teología Dispensacionalista que él expone en sus libros.

[33] *The Late, Great Planet Earth* es un tratado literalista, premilenarista y dispensacionalista de la escatología. Como tal compara las profecías del fin del mundo con los eventos actuales en un intento de predecir de una forma amplia los futuros escenarios que nos llevan al rapto de los creyentes antes de la tribulación y segunda venida de Cristo para establecer su Reino milenario sobre la Tierra. Enfocándose en pasajes claves de Daniel, Ezequiel y Apocalipsis, Lindsey originalmente sugiere la posibilidad que estos eventos climáticos pueden concretarse en la década de los 80 del siglo pasado, porque él interpretaba que una generación duraba cuarenta años y en este caso específico, empezaba a contar desde la fundación del Estado de Israel en 1948, lo que daba perfectamente los años 80 como el final de esa generación y el posible fin del mundo. Como muchos libros previos a este, nos muestra un Anticristo gobernando a diez miembros de una confederación europea de diez Estados (hoy integrada por 27 Estados). Él también profetizó una invasión rusa a Israel así como el incremento de calamidades como hambrunas, guerras y terremotos. Aunque Lindsey no aseguró las fechas de los futuros eventos con certeza, sí sugirió que Mateo 24:32-34 indicaba que el regreso de Jesús iba a ser una generación después del nuevo surgimiento del Estado de Israel en el año de 1948 y de la reconstrucción del templo judío. Lindsey aseguraba que una generación dura cuarenta años, de manera que en aquel momento histórico todo apuntaba a 1988. En el año de 1980 Lindsey, en su libro *Countdown to Armageddon*, predijo que la década de 1980 podía ser la última década de la historia.

célebres libros fue *Oil, and the Middle East Crisis* que también fue muy leído en su época.

Es interesante ver la reacción de algunos teólogos a la abrumadora obra profética de Lindsey, en ese sentido Gary DeMar se ha expresado:

De hecho fui primeramente introducido al evangelio por medio de un recuento de la bomba profética de Lindsey. Nunca antes había escuchado cosas tan excitantes como esas. Pero no pasó mucho tiempo cuando comencé a leer la Biblia por mí mismo y no pude reconciliar lo que Lindsey afirmaba que la Biblia estaba diciendo con lo que la Biblia en realidad decía. *La Agonía del Planeta Tierra* era popular —vendiendo más de treinta millones de copias y nombrado el libro mejor vendido en 1970 por el Nueva York Times Book Review (6 de abril, 1980)— porque se leía como una obra de ficción (lo cual es).

No estoy solo en este avalúo de la obra de Lindsey. La edición del 7 de abril de 1997 de Newsweek traía una historia por el editor especializado en religión Kenneth L. Woodward donde describía *La Agonía del Planeta Tierra* de Lindsey como un "libro seudo-Bíblico del día del juicio". Para 1990 *La Agonía del Planeta Tierra* había sido vendido en cincuenta y dos idiomas alrededor del mundo. Pero así como hubieron personas que vinieron a Cristo vía *La Agonía del Planeta Tierra*, hubieron otros que se volvieron escépticos endurecidos después de abrazar primero la teología delineada por Lindsey y aprender después que había un considerable número de huecos en su tesis. Él una vez admirador de *La Agonía del Planeta Tierra* Michael Shermer relata la siguiente historia:

«En el Glendale College desafié a mi profesor de filosofía (y ahora amigo mío) Richard Hardison, a leer *La Agonía del Planeta Tierra*, creyendo que él vería la luz. En lugar de eso se sulfuró y elaboró una lista mecanografiada de dos páginas, a espacio sencillo, señalando los problemas del libro de Lindsey. Todavía tengo la lista, doblada cuidadosamente en mi copia del libro.»

Nunca se nos dice cuánta gente está siendo alejada por la repetición constante de las especulaciones del tiempo del fin que nunca llegan a ocurrir. Los reportes que leemos solamente repiten los éxitos. Casi nunca oímos acerca de cómo las obras de los especuladores proféticos modernos son usadas por los secularistas para desacreditar la Biblia...[34]

Tiene completo sentido el comentario de DeMar, puesto que ha sido una práctica muy común efectuar afirmaciones bajo la justificación de hacer interpretaciones bíblicas sobre acontecimientos que después no se han cumplido, como el caso de la invasión de la Unión Soviética a Israel, hecho que no se cumplió porque dicho Estado simplemente desapareció del mapa, o la temeraria declaración que posiblemente la década de los 80 del siglo pasado era la última por el tema que una generación dura solamente cuarenta años y en 1988 se cumplían los cuarenta años de la fundación del nuevo Estado de Israel. Este tipo de interpretaciones se vuelven ficción como señala DeMar y nos dejan mal parados a los cristianos frente al mundo secular.

Otro de los libros famosos sobre estos temas es *Eventos del Porvenir*, escrito por Dwight Pentecost[35] de la misma escuela

---

[34] DeMar, Gary, «La verdad detrás de *Dejados Atrás*», *Biblical Worldview*, American Vision; edición de marzo de 2001.

[35] J. Dwight Pentecost es un conocido teólogo norteamericano que hizo escuela en el seminario de Dallas. Se hizo famoso por su libro *Eventos del porvenir*, que fue su tesis doctoral

de Lindsey, del Seminario Teológico de Dallas. Este texto analiza todas las facetas de la escatología, como las bases de la interpretación, los pactos bíblicos y las profecías concernientes a la tribulación, la segunda venida de Cristo y el Milenio. Uno de los aspectos interesantes de este libro es que Pentecost explora el tema escatológico desde diferentes ángulos teológicos, poniendo su trabajo de investigación en una esfera más amplia.

El tema de la escatología no ha sido patrimonio exclusivo de los académicos, también los predicadores han incursionado en este campo y han enfocado sus ministerios en el tema escatológico. En el mundo anglo existen cualquier cantidad de pastores y predicadores, empero uno de los más sobresalientes es John Hagee, pastor de una megaiglesia en San Antonio,[36] desde donde predica a través de la televisión al mundo entero sus mensajes escatológicos. Por ejemplo, entre sus múltiples libros tenemos *El principio del fin* traducido al castellano,[37] en este interesante trabajo Hagee relaciona la muerte del antiguo primer ministro israelí, Isaac Rabín y el avance de la cronología profética.[38] Un escritor como Hagee no tiene posibilidades de fracasar, tiene diecinueve mil miembros en su iglesia y un programa de televisión que es visto en muchos paí-

---

en el año de 1958. Aunque él adoptó la posición dispensacionalista y premilenarista, en su libro *Eventos del porvenir* revisa los diferentes puntos de vista escatológicos.

[36] Hagee es el pastor de la Iglesia Cornerstone que tiene diecinueve mil miembros activos en ciudad de San Antonio, Texas.

[37] Hagee, John. *El Principio del Fin*, Editorial Betania, 1996; 6.ª impresión. Como Ud. muy bien puede ver en esta nota de pie de página, el ejemplar que estamos usando para este trabajo corresponde a la sexta edición. Esto corrobora lo que estamos afirmando, este tipo de libros se venden, y se venden bien.

[38] Nada malo con tratar de conectar la muerte de Rabín con la profecía bíblica, porque, por antonomasia, todo lo que concierne a Israel tiene una relación directa con el fin de todas las cosas. El detalle es que también hay que relacionar a todos los primeros ministros y acontecimientos acaecidos en Israel porque todos tienen una relación directa con la parusía del Señor.

ses del mundo, donde habla sobre los eventos futuros con mucha vehemencia y sabiduría, pues el resultado es obvio, libros *best sellers*.[39]

En el mundo latino, Evis Carballosa[40] se ha destacado con su libro *Daniel y el Reino mesiánico*[41] donde efectúa un análisis profundo del libro de Daniel, usando los idiomas originales, y esgrimiendo un pensamiento teológico de corte premilenarista como es la moda. Otro de los libros famosos de Carballosa es *Apocalipsis. La consumación del plan eterno de Dios*. Este es un complemento del anterior y se logra una síntesis completa de los libros proféticos más importantes del texto sagrado. Aunque los libros de Carballosa son ampliamente estudiados, los mismos no alcanzan la popularidad que logran aquellos que provienen de autores norteamericanos que tienen la plataforma e infraestructura que se requieren para lanzar un libro *best seller*.

Hace algunos años la Editorial CLIE patrocinó la escritura del *Curso de formación teológica evangélica* que constaba de 12 pequeños tomos donde se abordaba todo lo relacionado a la Teología Sistemática. Lo interesante de esta obra fue que en lo relacionado con la escatología decidieron presentarla desde las dos posturas más importantes y comunes. El tomo 7 lo escribió José Grau, donde expone la tesis amilenarista que interpreta el Apocalipsis de un forma preterista, y el tomo 9 que escribiera

---

[39] La pluma de Hagee es prolija, no solamente en temas escatológicos, empero sobre el tema que nos ocupa ha escrito un libro que está dando de qué hablar: *Jerusalem Countdown*, que aborda el tema de la controversia árabe-israelí y su relación con el tema escatológico.

[40] Es un conspicuo teólogo de origen español que ha sido profesor de importantes seminarios de España y Latinoamérica donde fue rector del Seminario Teológico Centroamericano SETECA de Guatemala. Se ha destacado por ser un escritor prolijo. Es conocido ampliamente por sus libros escatológicos de corte premilenarista.

[41] Sobre este libro, Francisco Lacueva señaló en el prólogo: «...este comentario va a ser de enorme provecho a todos los estudiantes de la profecía, por la rectitud de su línea exegética, por la constante apelación al original hebreo y arameo, por la claridad de la exposición y por la enorme erudición bibliográfica».

el celebérrimo Francisco Lacueva[42] quien nos presenta la tesis futurista-literalista. Ambos autores exponen el tema con una erudición tal, que al final de cada libro uno queda convencido de la argumentación presentada. La idea de Editorial CLIE fue realmente brillante y correcta, pues este tema no puede ni debe ser presentado desde un solo ángulo. Desafortunadamente, a la gente le interesa poco la escatología desarrollada con la envoltura de la academia, a la gente le fascina cuando ponemos nombres rimbombantes que despierten el elemento fascinación aunque en el fondo sea la misma cosa. En ese sentido *Curso de formación teológica evangélica. Escatología*[43] *no causa tanto interés como si usáramos el nombre La liberación del planeta Tierra* y agregamos la nota: 360 000 copias en la imprenta.[44]

Para terminar con esta sección de los libros relacionados con el fin del mundo, no se puede pasar por la alto la serie de *Left Behind* (o *Dejados atrás*), a la que nos referiremos en el próximo numeral, que ha producido tres obras muy importantes: *The Mark: The Beast rules the world* (*La marca: la bestia gobierna el mundo*), *The cosmic Battle of the Ages: Armageddon.* (*La batalla cósmica de los tiempos: el Armagedón*), y *Left Behind* (*Dejados atrás*). Se estima que se han vendido sesenta millones de copias.[45]

---

[42] Francisco Lacueva es un teólogo de origen español que se convirtió siendo sacerdote católico bajo el ministerio de don Samuel Vila. Uno de los eruditos más grandes que la Iglesia del siglo XX parió. Sus escritos, su ministerio le habían creado una imagen y un prestigio que don Eliseo Vila simplemente dijo: «No necesita presentación». Todos le conocen o al menos debieran conocerle.

[43] Aunque esta colección de libros es de altísima calidad y refleja la seriedad de la academia y el apego irrestricto a la majestad del texto sagrado, no activa el chip de la fascinación por carecer de elementos sensacionalistas y tesis fantásticas que hacen que libros de esta naturaleza encabecen las listas del New York Times. En todo esto vemos la obra del jinete del caballo blanco, quien tiene como misión engañar a las personas o como mínimo confundirlas.

[44] El título original de este libro es *The Liberation of the Planet Earth*, de Hal Lindsey (Grand Rapids: Zondervan Publishing House, 1974). En la portada del libro se puede leer el *ciclé* 360 000 copias en la imprenta. Este libro fue otro de los famosos libros que sacó este famoso autor que invadió al mundo con sus libros de carácter profético.

[45] *Vide* KIRSCH, Jonathan. *History of the end of the World* (*op. cit.*, pág. 183).

Existen infinidad de libros que se han escrito en el idioma castellano y otros que han sido traducidos del inglés, sin embargo, a manera de ilustración, los que hemos mencionado son lo suficientemente representativos para orientarnos en lo que estamos tratando de discutir en esta sección.

En resumen, el Seminario Teológico de Dallas ha sido por los años el máximo exponente de la teoría darbista, desde su fundación por Lewis S. Chafer en 1924, pasando por una serie de connotados teólogos que han sido fieles seguidores de las enseñanzas de su padre espiritual.[46] La literatura que ha producido los graduados del Seminario de Dallas es realmente abrumadora: han hablado del premilenarismo dispensacionalista desde todos los ángulos posibles o imaginables hasta el momento, son millones de copias las que las editoriales de mayor prestigio de los Estados Unidos han sacado al mercado, y no solo eso, sino que han traducido su vasta literatura a diferentes idiomas. Una de las características de la escuela del Seminario de Dallas es el rigor científico, la forma magistral como argumentan sus puntos de vista creando sendos aparatos críticos en sus escritos que vindican el profundo y exhaustivo trabajo de investigación. Algunos de los libros salidos al mercado han sido tesis doctorales que obtuvieron máxima calificación. Es obvio que cuando estos escritos salen al mercado y son leídos por la gente de la Iglesia, son simplemente aceptados, no hay razón para creer lo contrario, ellos manejan la lógica de una forma magistral, la heurística de sus trabajos es espectacular, las formas como argumentan sus teorías y refutan la argumentación contraria es realmente admirable. La gran mayoría de los pastores e incluso profesores de institutos bíblicos y seminarios no alcanzan el nivel de profundidad de los profesores del Seminario de Dallas y

---

[46] *Vide infra*. pág. 56.

sucumben ante la erudición de sus escritos. Con esta afirmación no estoy asegurando que esta teología sea errónea, sino que, siguiendo la línea de este trabajo, queremos dejar claro que en este tipo de temas, nadie tiene la última palabra, de manera que el dispensacionalismo premilenarista que nos presenta esta escuela, pueda ser que sea cierto, pueda ser que no lo sea y que, cuando entramos a las profundidades de la argumentación de la escuela de Dallas, sí encontramos eslabones perdidos; eslabones que podemos pintar con la lógica pero que no podemos probar con las Escrituras. Allí está el detalle de esta síntesis teológica y de cualquier otra.[47]

2. El cine es una consecuencia lógica

El cine es nuestro mejor ejemplo del interés que el hombre le ha dado al tema del fin del mundo, lo curioso es que, usualmente en las películas del género apocalíptico, la raza humana no desaparece, hay un daño inmenso causado a la infraestructura del planeta, especialmente en megápolis como Nueva York o Los Ángeles, gran parte de los seres humanos pierden la vida y la geografía del mundo cambia radicalmente debido al cataclismo que ocurre, ya sea que lo haya causado un meteoro, una guerra nuclear, una terremoto devastador o cualquier otra situación análoga. Esta es solamente una área del género apocalíptico, que tiene que ver con cataclismos, la otra área de este género tiene que ver directamente con manifestaciones satánicas y personajes que son la viva encarnación del mal y que comúnmente llaman

---

[47] Es importante aclarar que estamos abordando el tema que los libros de escatología son, usualmente, un éxito de librería, pero los libros que han alcanzado esa categoría de *best sellers* han sido aquellos que siguen la línea de pensamiento darbista, no así aquellos que interpretan el Apocalipsis de una forma preterista; en tal sentido, nuestra reflexión sobre la producción literaria del la escuela de Dallas es efectuada en base a la declaración anterior. Aunque todavía existe un segmento importante de la Iglesia que se adhiere a la postura amilenarista no dispensacionalista, no podemos obviar que la gran mayoría se ha decantado por el dispensacionalismo darbista, del cual el Seminario de Dallas ha sido uno de sus máximos exponentes.

el Anticristo. Ambas áreas del género apocalíptico han sido ampliamente explotadas por los productores de Hollywood.

El repertorio de producciones cinematográficas en ambas áreas del género apocalíptico es realmente vasto e imposible de agotar en un trabajo de esta naturaleza, razón por la cual se han seleccionado algunas producciones que objetivan los puntos que se tratan de probar.

Deep impact (*Impacto profundo*)

Una de las películas más fantásticas de Hollywood que desarrolla una posible trama del fin mundo es *Deep Impact* o *Impacto profundo*. A continuación se efectuará un resumen de la trama de la película para luego efectuar un comentario:

Es una película estadounidense de 1998, en la cual un astrónomo se da cuenta que un cometa chocará con la Tierra. Estados Unidos y Rusia planean enviar la nave *Messiah* o *Mesías* para destruir el cometa, utilizando cargas nucleares. Un suspiro de alivio cambia la vida en todo el mundo. La tripulación del *Messiah* logra colocar las cargas en la superficie del cometa, pero uno de los tripulantes muere y otro queda gravemente herido. Cuando las cargas detonan, el *Messiah* queda dañado y pierde contacto con la Tierra. El cometa no se destruye, sino que se parte en dos pedazos: uno pequeño, de unos 2 km de longitud, y el otro de unos 9 km de longitud, que todavía es una amenaza para el mundo. El presidente de los Estados Unidos, al enterarse del fracaso del *Messiah*, declara la ley marcial, y anuncia que varios gobiernos del mundo están construyendo refugios subterráneos para tratar de sobrevivir al impacto. El refugio nacional de Estados Unidos se encuentra en las cavernas calizas de Misuri. El

Gobierno estadounidense lleva a cabo una lotería para seleccionar a 800 000 estadounidenses que se salvarán junto con 200 000 científicos, ingenieros, maestros, artistas, soldados y oficiales preseleccionados junto con sus familiares más cercanos. Los gobiernos de la Tierra hacen un último esfuerzo contra el cometa, disparando misiles nucleares llamados *Titans*, pero estos fallan. El fragmento pequeño del cometa cae en el océano Atlántico cerca de Bermuda, creando un megatsunami de más de 540 metros de altura y millones de personas de Europa, África y la costa este de Estados Unidos, mueren. El mundo se prepara para el impacto del fragmento más grande, que caerá en el oeste de Canadá y creará una nube de polvo que bloqueará la luz del sol durante dos años, lo que matará toda vida vegetal y animal de todo el planeta (excepto los que estén en los refugios diseminados por todo el mundo). En un último sacrificio, el capitán Tanner y todos los tripulantes del *Messiah* deciden estrellar su nave contra el fragmento, con todas las cargas que les quedan. Luego de despedirse de sus seres queridos, impactan al fragmento y mueren, pero logran desintegrarlo, evitando así el fin de la humanidad.

En realidad la trama de la película no está alejada de la verdad, pues el impacto de cuerpos celestes contra la Tierra es una realidad inminente, y a juzgar por el relato bíblico es una forma natural del fin del mundo.[48] Lo que llama la atención es ver

---

[48] En el capítulo 8 de Apocalipsis encontramos que el séptimo sello se abre y este corresponde a las siete trompetas del Apocalipsis que son siete juicios. *Verbi gracia*, la segunda trompeta señala «fue arrojado al mar algo que parecía una enorme montaña envuelta en llamas. La tercera parte del mar se convirtió en sangre...». En Ap. 8:8 y en Ap. 8:10 se lee: «Tocó el tercer ángel su trompeta y una enorme estrella, que ardía como una antorcha, cayó desde el cielo sobre la tercera parte de los ríos y sobre los manantiales». Como puede observarse, existe una similitud impresionante entre el texto sagrado y la película Impacto Profundo. Sin importar la tesis escatológica que cada persona adopte, este tipo de acontecimientos está dentro del menú de posibilidades y el hombre lo sabe, sea creyente en Cristo o no.

como el hombre no convertido, gracias al chip con el que nace, tiene una idea clara del fin del mundo, pero dentro de tal concepción, él contempla el concepto de salvación. Si vemos la película, nos damos cuenta que el mundo no desaparece porque el ser humano interviene y hace todo lo que está a su alcance para evitar la desaparición de la raza humana, hasta un refugio para albergar a 800 mil personas escogidas por dos años. En la Biblia, Cristo es nuestro refugió que albergará a todos aquellos que hemos creído en Él, empero en lo que se relaciona al planeta, la Biblia es suficientemente explícita al decirnos que pasará por fuego y que Dios hará cielos nuevos y Tierra nueva.[49]

Left Behind (*Dejados atrás*)

Esta es una serie de películas[50] basadas en una novela cristiana del mismo nombre originada por Jerry B. Jenkins y Tim LaHaye y que han sido un éxito tanto en el mundo secular como en la Iglesia. La bondad de este trabajo es la calidad fílmica de estas historias en las cuales se presenta de una forma muy impactante lo que sería el rapto de la Iglesia o la tribulación o la guerra final. La serie *Dejados atrás* ha sido un éxito millonario de librería y ha sobrepasado cualquier expectativa. La calidad del trabajo y la envoltura del producto muestran la genialidad del *marketing* que ha producido ganancias millonarias a las personas involucradas.[51] Otra vez, el tema escatológico es un negocio

---

[49] El apóstol Pedro claramente señala: «… el cielo y la Tierra están guardados para el fuego, reservados para el día del juicio y de la destrucción de los impíos». *Vide* 2 Pedro 3:7.

[50] Es una serie de tres películas: *Dejados Atrás i. El Rapto de la Iglesia, Dejados Atrás ii. Comando Tribulación* y *Dejados Atrás iii. Mundo en Guerra.*

[51] Los reportes dicen que la serie comprenderá un total de 12 volúmenes. Eso sin contar los cuarenta volúmenes proyectados para niños, las cintas de audio y de vídeo, los cd, los dramas de radio, la película, los salva-pantallas, las tarjetas y los calendarios *Dejados Atrás* al estilo de una página por día. No se sorprendan cuando las figuras de acción (juguetes con movimiento) de *Dejados Atrás* lleguen a las tiendas. Al momento de este escrito la serie ha excedido los 32 millones de dólares en ventas y ha sido traducida a 21 idiomas diferentes. Estas cifras habrán cambiado para el momento que Ud. lea esto. *Vide* <http://www.contra-mundum.org/castellano/demar/verdad.pdf>.

rentable, especialmente cuando se presenta con esta envoltura y en la coyuntura social que produce estos efectos.

En relación con las tesis presentadas por LaHaye en estas películas, DeMar se pronuncia de la siguiente manera:

Tim LaHaye declara que *Dejados atrás* es «el primer retrato novelesco de eventos proféticos que es fiel a la interpretación literal de la profecía de la Biblia». Esta es una declaración temeraria. Si está equivocado, entonces millones de cristianos están creyendo un mito en el nombre de «la interpretación literal de la Biblia». Es mi opinión que *Dejados atrás* no es solamente una obra de ficción, sino que la premisa teológica sobre la cual se fundamenta es también una obra de ficción. La teología detrás de *Dejados atrás* es una refundición de la primera edición de *La Agonía del Planeta Tierra*, de Lindsey, el cual se basa en las notas de conferencias de Merrill F. Unger que fueron eventualmente publicadas como *Más allá de la bola de cristal*. Esto es más que evidente al ver la discusión de Unger sobre el rol que Rusia juega en la profecía Bíblica. El sistema profético del cual todos estos escritores de profecía dependen es una invención del siglo XIX creado a partir de aire delgado que cambia con las circunstancias históricas. Cuando las «piezas del rompecabezas profético de Lindsey comenzaron a desintegrarse al inicio de los 90» con la desmembración de la ex-Unión Soviética, «trató en vano de salvaguardar sus enseñanzas "editando" y retirando conclusiones erróneas de las subsecuentes ediciones de *La Agonía del Planeta Tierra*. Su versión "actualizada", junto con varios nuevos libros que ha escrito, promueven un escenario del todo diferente. Ahora, en lugar de la URSS atacando a Israel, las repúblicas exsoviéticas del sur (predominantemente musulmanas) "se unirán pronto con sus 'hermanos islámicos' de Oriente Medio para atacar a Israel"». LaHaye basa el escenario profético de *Dejados atrás* en el punto de vista original de Lindsey, antes del colapso de la ex-Unión Soviética.[52]

El comentario de DeMar está suficientemente claro, desnuda el S*itz im Leben* de *Dejados atrás* y rebate apasionadamente la tesis darbista con la que se presenta tanto la literatura, como las producciones cinematográficas de LaHaye y Jenkins. Aunque aquí estamos tratando de demostrar como la idea del fin del mundo ha trascendido al cine, no está demás ver otros ángulos de aquellas representaciones que tienen su origen estrictamente en la Biblia y que son presentadas por eminentes miembros de la Iglesia, como es el caso de los productores de *Dejados atrás.*

Con las películas producidas por Hollywood sobre el género apocalíptico en cualquiera de sus dos áreas, no hay problema de tendencias teológicas, pues sus representaciones podrían ser o no ciertas, es decir, que contienen una alta dosis de ficción;[53] el detalle está con producciones como *Dejados atrás* —*strictu sensu*—, que sí tienen una tendencia teológica y, como esta tendencia no necesariamente es una verdad indubitada, *ipso facto* caen en la categoría de ficción, no de algo real.[54] Enten-

---

[52] DeMar, Gary. «La verdad detrás de *Dejados Atrás*» (*op. cit.*).

[53] La palabra ficción debe entenderse en un contexto diferente, porque, si bien es cierto que las representaciones cinematográficas sobre este tema pertenecen a un género al que nosotros llamamos apocalíptico, no pertenecen al que comúnmente se le llama ciencia ficción. La diferencia estriba en que en el género apocalíptico el guionista sabe que lo que está escribiendo puede ocurrir, porque al pertenecer a la raza humana tiene la idea innata del fin del mundo, en cambio en el género de la ciencia ficción *per se* estamos hablando de fantasías de la mente humana. *Vide infra.* pág. 70, conclusión 5.

[54] Al hablar de ficción y realidad no nos referimos a la envoltura novelesca con que estas producciones son presentadas, es decir, las historias que allí se desarrollan, que todos sabemos es producto del género novelesco. Nos referimos a lo que subyace atrás de la historia, que es la Teología Dispensacionalista-premilenarista.

demos la intención de los productores, la cual está bien, que es evangelizar y crear la conciencia de la segunda venida de Cristo y del fin del mundo, sin embargo esto no quita el elemento ficción a estas producciones.

The Day after Tomorrow (*El día después de mañana*)

Aquí tenemos otra temática dentro del género apocalíptico. A continuación se efectuará una sinopsis sumaria de la película para proceder a su comentario correspondiente.

Las investigaciones llevadas a cabo por el climatólogo Jack Hall indican que el calentamiento global del planeta podría desencadenar un repentino y catastrófico cambio climático de la Tierra. Las perforaciones realizadas en la Antártida muestran que es algo que ya ha ocurrido con anterioridad, hace diez mil años. Y ahora está alertando a los dirigentes de que podría ocurrir de nuevo si no se adoptan medidas de forma inmediata. Pero sus advertencias llegan demasiado tarde. Todo empieza cuando Hall presencia cómo un bloque de hielo del tamaño de Rhode Island se desgaja completamente de la masa de hielo antártica. Posteriormente, una serie de fenómenos climatológicos cada vez más drásticos empiezan a ocurrir en distintas partes del globo: granizos del tamaño de un pomelo destrozan Tokio, vientos huracanados que rompen todos los récords machacan Hawái; la nieve cae en Nueva Delhi, y luego una serie de devastadores tornados azotan la ciudad de Los Ángeles. Una llamada de teléfono de un colega suyo en Escocia, el profesor Rapson, confirma los peores temores de Jack: estos intensos fenómenos meteorológicos son síntomas de un cambio climatológico masivo. El derretimiento de la capa de hielo polar ha vertido recientemente demasiada agua a los océanos y ha afectado a las corrientes que dan estabilidad a nuestro sistema climático. El calentamiento global ha puesto el planeta al borde del precipicio y al filo de una nueva era glacial. Y todo ocurrirá durante una supertormenta de carácter global. Mientras Jack advierte a la Casa Blanca del inminente cambio climático, su hijo Sam, de diecisiete años, se encuentra atrapado en la ciudad de Nueva York donde él y algunos amigos han estado compitiendo en un concurso académico entre institutos. Ahora debe hacer frente a las grandes inundaciones y a las temperaturas que caen en picada en Manhattan.[55]

Es una extraordinaria producción de la 20th Century Fox que nos muestra otra faceta del fin del mundo. Ellos nos enseñan el área de los cambios climáticos en la Tierra y los efectos devastadores que estos tendrán. Sabemos que los cambios climáticos es parte del menú divino en el tema del fin del mundo.[56] La destrucción de la capa de ozono, el recalentamiento global y otros hechos relacionados con el ambiente no son producto de la casualidad, el rompecabezas se está armando cada día que pasa y los cambios ambientales son parte del gran día.

En resumen, hemos visto como la abundancia del material, tanto literario como cinematográfico, prueba como el géne-

---

[55] <http://www.planetadepeliculas.com/ver-pelicula-el-dia-de-manana.html>

[56] El capítulo 16 de Apocalipsis nos habla de los juicios relacionados con las Copas de Ira, es decir, la séptima trompeta, que a su vez es el séptimo sello del Apocalipsis. En el v. 8 nos relata lo siguiente: «El cuarto ángel derramó su copa sobre el sol, al cual se le permitió quemar con fuego a la gente...». V. 10: «El quinto ángel derramó su copa (...) y el reino de la bestia quedo sumido en oscuridad». Estos versículos nos ilustran claramente sobre juicios divinos que tienen que ver con cambios climáticos sobre el planeta. De manera que la tesis presentada en esta película cabe dentro de las posibilidades escatológicas. Es de capital importancia entender que la trama de la película es solamente la envoltura, que lo que hay detrás de la trama es lo que realmente cuenta y es el hecho que habrá cambios climáticos que tendrán efectos claros para los habitantes del planeta.

ro apocalíptico[57] es altamente lucrativo. Todo comienza con la fascinación del hombre,[58] fascinación que es el resultado de un dispositivo con el cual Dios nos crea y al cual llamamos en este trabajo, el *chip*. Esa fascinación nos atrae y nos espanta, es como la fuerza centrípeta y centrifuga en la física que hace que exista un equilibro en el cuerpo. A raíz de eso el hombre se da cuenta que podemos obtener beneficios económicos de este hecho y en ese sentido es que escribimos libros y hacemos películas.

Con este capítulo queda demostrada la relación que existe entre el ser humano y toda esta temática a la que llamamos apocalíptica y que sostenemos que fascina, provoca temor y genera duda en los hombres. El estudio se ha desarrollado en dos partes principales: primero se abordó lo relacionado al origen de la fascinación, que es la idea innata con la cual Dios nos ha creado y a la cual llamamos el chip; en segundo lugar se analiza lo relacionado a los resultados de la fascinación que tiene que ver directamente con las producciones literarias y cinematográficas que nosotros efectuamos sobre este tema.

El desarrollo de este capítulo nos introduce al capítulo dos,

---

[57] A continuación damos una lista de películas que clasificamos dentro del género apocalíptico, tanto el área de los eventos cataclísmicos como de representaciones de la maldad. Es posible que otras personas hagan otra clasificación, esta es solo una opinión. Lo importante es dejar claro la importancia de este género para el ser humano y todo lo que el mismo produce. A continuación efectuamos la lista de películas de género apocalíptico: *Akira* (animación), *Armageddon, Battle Royale, Deep Impact, El amanecer de los muertos, El día de los muertos vivientes, El día de mañana, El día después, El imperio del fuego, El mensajero del futuro* (*The postman*), *El príncipe de las tinieblas* (*Prince of Darkness*), *El último hombre vivo* (*Omega Man*, 1971), *El único superviviente* (*The Quiet Earth*), *Hijos de los hombres, Independence Day, Invasión* (estreno 19/10/07), *La fuga de Logan* (*Logan's Run*, 1976), *La guerra de los mundos, La invasión de los ultracuerpos, La rebelión de las máquinas* (*Maximum Overdrive*), *La tierra de los muertos vivientes, La vida futura, Nightmare City* (creo que esta solo en v. o.), *Rescate en L. A.* (1997), *Rescate en N. Y.* (2013), *Resident Evil i, ii y iii* (estreno 31/10/07), *Soy leyenda* (estreno 19/12/07), *Sunshine, Terminator iii. They Live* (*Están vivos*), *THX 1138, Water World, Zardoz. Año 2293* (1973), *The End of Days.* Esta es una lista sumaria de un inmenso número de producciones que se han hecho tanto en el mundo secular como en el eclesial.

[58] El internauta Ikki Fenix afirma: «Soy cinéfilo, y en especial me encantan las películas del género Apocalíptico y Postapocalíptico.» <http://www.forocoches.com/foro/showthread.-php?t=759542>. Este es un sencillo testimonio de la pasión que levanta este género.

en cual se tratará en detalle los juicios derivados de los cuatros corceles del Apocalipsis a los cuales se les da una interpretación actual y *sui generis*.

CAPÍTULO 2

Los caballos del Apocalipsis[59] ya cabalgan

En el Apocalipsis de San Juan encontramos la figura de los caballos a los que se les llama 'Los caballos del Apocalipsis' dando una connotación de juicio y presagio de tiempos desastrosos y fatales para la humanidad. Ahora, la pregunta es: ¿Puede haber tiempos más malos que los que estamos viviendo? Si tomamos a rajatabla la concepción dispensacionalista, los tiempos malos están por venir, entonces la pregunta sería: ¿Cómo le llamamos al tiempo en el que vivimos? Por lo que estamos viendo, estamos viviendo en tiempos realmente siniestros. Somos testigos de una ola de violencia sin precedentes en la historia, el incremento del narcotráfico y del consumo de drogas a cifras realmente inverosímiles, el

---

[59] Existen muchos libros sobre este tema, sin embargo, un clásico es el escrito por Billy Graham, *Approching Hoofbeats. The Four Horsemen of the Apocalypse*, Avon Books. 1985. pág. 177 y sigs.

afianzamiento del crimen organizado es un hecho latente, la hipocresía internacional a nivel de los Estados es una realidad innegable, en fin, si vamos a ser realistas, los jinetes de los caballos del Apocalipsis ya cabalgan por este planeta. El tronar de sus cascos ya se escucha y se escucha bien, es posible que en el futuro cercano el ruido sea más ensordecedor e insoportable, pero si vamos a ser honestos, ya el ruido que escuchamos en los noticieros de este mundo nos molesta.

En este capítulo será objeto de estudio el papel que desempeña cada uno de los corceles del Apocalipsis en el escenario mundial en el que vivimos, presentando su cabalgata no como un hecho futuro sino como algo presente y actual.

A. El jinete del caballo blanco que engaña, cabalga

El primer punto a discutir en este apartado es lo relacionado a la identidad del jinete de este caballo. Algunos eruditos han identificado a este jinete con Cristo, sin embargo, un estudio cuidadoso del pasaje inclina la balanza a que el jinete es un espíritu de mentira que puede encarnarse en cualquier ser humano que se vuelve en instrumento de Satanás para esgrimir una infamia colosal que aparte a muchos de la verdad y de la sana doctrina.

Ese espíritu de mentira siempre ha estado presente en la raza humana desde épocas inmemoriales, sin embargo, el intenso ruido que provoca su galope en este siglo es realmente ensordecedor. Nunca antes la mentira se había encarnado como lo ha hecho ahora en la mente y vida de los seres humanos. Por ejemplo en el año 1973, cuando David Wilkerson escribió su famoso libro *La visión*[60] decía:

---

[60] *La visión* es el famoso libro escrito por David Wilkerson en el año de 1973, un año crucial, catalogado por los sociólogos como un año capital para la humanidad. Solo por

Hay dos fuerzas que contienen a los homosexuales a entregarse completamente a su pecado. Estos dos frenos son: el rechazo de que son objeto por parte de la sociedad, y el repudio y las enseñanzas de la Iglesia. Cuando la sociedad ya no rechace su pecado como algo anormal y los acepte plenamente y los estimule en su anormalidad, y cuando la Iglesia yo no predique contra él como pecado y los conforte en sus actividades sexuales ya no existirá ninguna fuerza de impedimento para ellos. Las compuertas estarán abiertas y se estimulará a los homosexuales a que continúen en su pecado...[61]

Hoy, casi cuarenta años después de este libro, la comunidad de homosexuales ya no tiene ningún freno. Primero, la sociedad ha suspendido su repudio y ha aceptado con los brazos abiertos a la comunidad gay, y la Iglesia, o no ejerce ningún ministerio profético contra esta práctica o lo ejerce de una manera débil. En algunos casos, existen denominaciones o concilios que ordenan ministros homosexuales y en algunos lugares existen iglesias con feligreses abiertamente declarados gais. De manera que lo que parecía una exageración de Wilkerson en el año de 1973, hoy podemos ver que se quedó corto.[62]

---

mencionar algunos eventos, citamos la aprobación de la ley Roe-Wade que permitió el aborto en los Estados Unidos y que se cree es la responsable de más de cuarenta y cinco millones de asesinatos o abortos todos estos años. Aunque fue filmada en 1972, fue en 1973 que la exhibición de *Deep Throat*, que protagonizara Linda Lovelace, abriera la puerta de la pornografía en el cine como nunca antes en la historia de la raza humana.

[61] WILKERSON, David. *La Visión*. ed. Vida. Trad. 1975, pág. 57.

[62] 25 años después, Wilkerson sacó libro *El llamado final*, libro que escribe desde la perspectiva del colapso de las finanzas, pero que trata temas que ya había tratado en su primer libro, temas como el homosexualismo, por ejemplo. El libro termina prediciendo la caída de Nueva York como centro financiero mundial. Haciendo un análisis de este libro, se puede afirmar que el mismo no causó la espectacular impresión que causó el primero en 1973. Muchas de las cosas que él menciona son simplemente repetitivas y otras son bastante obvias, y que ya son abordadas no solamente por los teólogos sino por la prensa secular. Para mayor información, *vide* WILKERSON, David, *El llamado final*, USA: Editorial Vida, 1998.

¿Cómo ha ocurrido este cambio? Muy sencillo, el espíritu de mentira se ha encarnado en la mente y en el corazón del hombre de esta sociedad, ha habido un cambio de mentalidad, una terapia fraguada en el mismo infierno que ha provocado la ruptura moral. Es por esa razón que afirmamos que el jinete del caballo blanco galopa en la actualidad con tal autoridad y precisión que los daños que está causando dentro y fuera de la Iglesia[63] son simplemente devastadores. El espíritu de mentira cabalga con tal fuerza que provoca un ruido ensordecedor en el presente.

En este apartado se verá parte de la obra de este jinete en algunos aspectos de la sociedad donde ejerce su obra de engaño.

1. La predicción del fin del mundo no es una predicción

Predecir es decir algo antes que esto ocurra, con el agregado que sea un evento que no sea del dominio público. En el caso del fin de mundo no hay nada que predecir. En primer lugar porque es una verdad bien establecida en el ADN del ser humano. Nacemos con esa creencia, es parte del chip o del paquete, está en el ADN, es simplemente una realidad como lo hemos demostrado en el apartado anterior. Pero también porque es una verdad claramente establecida en la Biblia. Son abundantes los textos que nos mencionan[64] todo lo relacionado al fin de esta era y del planeta en el que vivimos. De manera que, al ser el fin del mundo un evento bien establecido, no hay nada que predecir ni profetizar al respecto.

Lo que no sabemos al respecto son los detalles, como por ejemplo el día y la hora y los acontecimientos catas-

---

[63] En virtud que Satanás no tiene ninguna autoridad sobre la Iglesia, el termino Iglesia, en este contexto, solamente significa 'congregación de feligreses'.

[64] 1 Pedro 4:7; Mateo 24:4 y sigs.

tróficos, en detalle, que provocaran la hecatombe interplanetaria que dará origen a un nuevo orden de cosas. El ser humano, fascinado por el tema, da rienda suelta a la imaginación, hace alarde de sabiduría y efectúa interpretaciones de los textos apocalípticos de los cuales saca conclusiones que presenta como verdades de quinta esencia, cuando la realidad de las cosas es que son meras especulaciones o ciencia ficción.

Por otro lado, surgen los iluminados descifrando ecuaciones matemáticas que demuestran palmariamente el día y la hora de la parusía. Es obvio que este tipo de declaraciones provoca trastornos y confusión dentro de la Iglesia y crea una mala reputación para con los de afuera. Este tipo de situaciones es parte del espíritu del jinete que cabalga en el corcel blanco de Apocalipsis 6, cuyo ruido ensordece cada día más.

2. Las olas que hacen surfear a la Iglesia

Tomando la metáfora de las olas gigantes que hacen que los deportistas surfeen en ellas, podemos hablar de olas que se levantan dentro de la Iglesia en la cual los cristianos surfean. Algunas de esas olas, o modas como también podríamos llamarlas, son olas levantadas por el espíritu de engaño del jinete del corcel blanco que lo que provoca es confusión y enfrentamientos estériles entre los miembros del cuerpo de Cristo.

Como es obvio, todas las olas tienen su fundamento bíblico[65] y algunas se fundamentan en que yo tengo la razón y los demás están equivocados y mi trabajo es mostrar las bondades de mi doctrina o práctica y la futilidad de todos los demás. El éxito está comprobado por el crecimiento numérico, el poder

---

[65] Algunas olas tienen fundamento bíblico racional y otras no, es decir, algunas pueden probarse con la Biblia y otras no, independientemente que sean verdaderas o no.

de convocatoria, la exposición en los medios de comunicación y el poderío del dólar. Los preceptos anteriores son las señales divinas para aquellas personas que suben a estas olas que cuentan con el favor de Dios.

Es importante clarificar que el tema de las olas dentro de la Iglesia es producto de la naturaleza humana que lleva en sí el germen de la curiosidad y de experimentar con cosas nuevas. En ese contexto es donde las olas que se levantan encuentran en la Iglesia su asidero o caldo de cultivo que genera innumerables movimientos u olas entre las que podemos mencionar: Toronto blessing,[66] Teología de la Prosperidad,[67] La opción

---

[66] Este es un movimiento que surge en el cristianismo carismático. Se caracteriza por la expresión de una «risa santa» la cual se describe como don del Espíritu Santo. La risa en cuestión fue presentada por vez primera por el evangelista sudafricano Rodney Howard-Browne, quien localmente sirvió como maestro en la iglesia del pastor Karl Strader Carpenter's Home Church, ubicada en Lakeland, Florida, lugar donde Howard-Browne introducir el fenómeno. Siendo recibido en Lakeland, Howard-Browne continúa enseñando por largos meses. La «risa santa» es vinculada también con la iglesia Vineland del Aeropuerto de Toronto; allí es referida como la «bendición de Toronto». Como es evidente, no existe en la Biblia ningún fundamento para esta doctrina, o algún caso específico en la historia de la Iglesia donde este fenómeno haya ocurrido y esta lo haya aceptado como tal. Sin embargo, este fue muy popular en su época y fue una ola muy alta en la que muchos surfearon.

[67] Se denomina Teología de la Prosperidad a un conjunto no sistematizado de doctrinas cristianas que enseñan que la prosperidad económica y el éxito en los negocios son una evidencia externa del favor de Dios. Es una enseñanza común entre muchos telepredicadores quienes predican que Dios quiere que los cristianos sean exitosos «en todos sus caminos», especialmente en el área de las finanzas. Los críticos de estas enseñanzas alegan que son usadas únicamente para enriquecer indebidamente a líderes que explotan la ingenuidad de creyentes sinceros que ofrendan su poco dinero, o que el énfasis en «la bendición material» es una malinterpretación de la Biblia. Como es obvio, muchas de las enseñanzas de la Teología de la Prosperidad son bíblicas y correctas, sin embargo, hay algunos puntos que transgreden la línea de la revelación bíblica, de la razón y de la experiencia humana, *verbi gracia*, la forma como efectúan este trabajo, que a veces pareciera una vulgar venta de indulgencias a la usanza medieval mediante una manipulación tendenciosa y mentirosa. Existen cualquier cantidad de ejemplos sobre esto, algunos de ellos inverosímiles. Con el único propósito de objetivar lo anterior pondremos un ejemplo concreto. En un país de Centroamérica, un canal de TV cristiano local estaba haciendo una telemaratón para su sostenimiento financiero. El parroquiano que levantaba fondos aseguraba a los televidentes que si no tenían Visa de los Estados Unidos, podían conseguirla si sembraban una ofrenda generosa. Él ponía el ejemplo de una persona que había dado dinero y le habían dado la Visa. Una acción de esta naturaleza rebasa los límites de la cordura y pone la reputación de la Iglesia en entredicho frente al mundo secular que nos observa con expectativa pero también con una mente inquisidora.

por los pobres,[68] el movimiento apostólico,[69] el movimiento de iglecrecimiento,[70] solo por mencionar algunas. Es de capital importancia dejar claro que algunas de estas olas *per se* no tienen nada de malo. El problema radica cuando el corazón orgulloso de la persona se considera dueño de la verdad y mira con desprecio a los demás y hace que estos puntos de vista diferentes fraccionen y enfrenten al cuerpo de Cristo en una lucha fratricida y estúpida es como podemos convertir algo bueno en algo nefasto para el cuerpo de Cristo. El caos y división lo provoca el espíritu del jinete que galopa en el corcel blanco de Apocalipsis 6 y el ruido de los cascos de este espécimen se oye con una fuerza ensordecedora.

Esta comprobado que al hombre le gusta surfear en las olas que se levantan, el problema es que algunas son levantadas por el engañador y este es el problema, y algunas otras son levantadas por el Espíritu de Dios, pero nunca falta la intervención

---

[68] La opción por los pobres, es una ola que surge en el marco de la Teología de la Liberación que estuvo muy de moda en los años 80 del siglo pasado. No fueron pocos los feligreses que se subieron en esta ola que enseñaba que los Estados Unidos era el Egipto del cual el pueblo latinoamericano tenía que ser liberado. En ese contexto, hubo grupos radicales que incluso tomaron las armas y fueron a la guerrillas a pelear por la liberación de la opresión en el nombre de Dios. Este fue un evangelio antropocéntrico en el cual Jehová es el Dios de los pobres y el ser humano por el hecho de ser pobre ya era miembro del Reino de Dios. Esto tuvo consecuencias que provocaron una serie de divisiones dentro de la Iglesia del continente.

[69] Este es un movimiento muy importante que se ha levantado dentro de la Iglesia y que nos habla de la restauración de los cinco ministerios, especialmente de los ministerios de apóstol y profeta. A partir de aquí surge más que una teología estructurada, toda una práctica que ha ido reclamando territorio en la Iglesia de este continente. Hasta ahora, el crecimiento experimentado es sencillamente espectacular.

[70] Desde el advenimiento de la Iglesia moderna, el movimiento de iglecrecimiento, desde los años 50, ha estado poniendo presión sobre los pastores para facilitar el crecimiento de la Iglesia. El movimiento fue fundado por dos personas: Donald McGavran y Robert Schuller. McGavran escribió *The Bridges of God* en 1955. Sin embargo, Peter Wagner reclama en uno de sus libros, que él fue quien lanzo el movimiento de iglecrecimiento. Este es todo un movimiento u ola de la Iglesia que tiene que ver con crecer a niveles espectaculares y como es lógico ha provocado todo un delirio numerológico entre muchos pastores que se han centrado en crecer olvidando para qué Dios los ha llamado, que es pastorear a su pueblo. El delirio ha sido provocado porque al ver el ejemplo de iglesias que han experimentado dicho crecimiento y sobre todo las señales de poder que este trae, pues todo el mundo quiere tener esa cuota de poder.

del enemigo y esto confunde a la Iglesia. El quid de surfear en las olas estriba en sopesar si es una ola de Dios o no. Es aquí donde tenemos que juzgar si las mismas tienen o no sustento bíblico, que al final es lo que debe determinar si nos subimos o no. Lo cierto es que la tendencia a subirse a cualquier ola le ha causado a la Iglesia un enorme daño pues en muchos casos han sido modas engañosas que no han dejado nada a las personas. También es importante acotar que el subirse a una ola así es producto de la ignorancia de las personas que no han profundizado en la Palabra de Dios y son fascinados, como los gálatas que comenzaron con el espíritu y terminaron con la carne.[71]

3. Profecía a la carta

Esta es la época en la que cualquier individuo clama tener la revelación de Dios y asegura ser un profeta. Impresiona cómo un sector de la Iglesia actual da crédito a este tipo de personas que no tienen ni idea de lo que significa la profecía. Con tal afirmación no estamos negando la existencia del oficio de profeta, lo único que estamos afirmando es que existe en la actualidad cualquier cantidad de personas que se autodenominan profetas sin saber a fondo lo que esto implica. Su error se hace evidente por la forma torpe como ejercen dicho ministerio o las expresiones, más bien muletillas, que usan cuando profieren sus «profecías».

En primer lugar, el origen del problema radica en el concepto errado que se tiene de profecía, que usualmente es el creer que esta solo tiene que ver con predicciones del futuro. En ninguna manera, la profecía encierra al menos cinco áreas bien establecidas en la Biblia,[72] pero la gente se centra en la

---

[71] Gálatas 3:1.

[72] Cuando hablamos del ministerio profético de la Iglesia, no nos referimos a las prácticas que estamos viendo hoy en día, sino más bien a lo que esto realmente significa. El

predicción y cuando predicen, en muchos casos son cosas vagas y naturales que cualquier persona sin ciencia podría hacer lo mismo. Usualmente las profecías son predicciones conforme al gusto del oído: tú serás un gran predicador; Ud. será presidenta de X país; Dios trae prosperidad financiera a tu vida. La razón por la cual a las personas le llama la atención la faceta predictiva de las profecías es precisamente porque es parte del chip que mencionamos al principio, tenemos una fascinación por los elementos predictivos. Nos interesa conocer el futuro para manejar nuestro presente. Si esto no fuera así, no tendrían tanto éxito las líneas telefónicas de los psíquicos o brujos que se dedican a leer la mano o a través de las cartas del tarot.[73]

Desafortunadamente, esto conecta con los feligreses de la Iglesia a los cuales les agrada que una persona que se llama profeta les diga o profetice cosas agradables al oído. El peligro, o más bien el colmo de esta realidad, es que la ignorancia es tal que en algunas congregaciones la palabra del profeta tiene más valor y peso que la Biblia misma. Los indoctos llegan a creer semejante barbaridad y en algunos casos son guiados erróneamente. Una de las historias pueblerinas de Latinoamérica es aquella, verídica por cierto, del profeta que en nombre de Dios le dice a los padres que han perdido un hijo que Dios va a

---

ministerio profético según nos enseña el Antiguo Testamento es aquel servicio que un hombre de Dios, a quien se le llama profeta, ejecuta y que tiene las siguientes funciones: hablar al pueblo en el nombre de Dios, y esta función era la más importante; en segundo lugar, denunciar el pecado del pueblo, comenzando con la clase religiosa, los gobernantes y el pueblo común y corriente; en tercer lugar, y como aparejada consecuencia, anunciar el juicio de Dios como castigo de la conducta del pueblo; en cuarto lugar, traer siempre una palabra de esperanza y restauración a los que se arrepienten, al remanente que siempre se vuelve a Dios; y, finalmente, hablar de acontecimientos futuros.

[73] El tarot era concebido en la Edad Media como un libro de sabiduría. En la actualidad, las cartas de tarot representan un medio para despertar las facultades adivinatorias a partir del desarrollo de la clarividencia. Esta es una práctica muy común en la sociedad europea. En España, por ejemplo, son muchas las personas que se encuentran en la calle ejerciendo este oficio de adivinación completamente prohibido en la Biblia.

resucitarlo al tercer día y, una vez cumplido el plazo, tal hecho no ocurre, y se requiere la intervención de la policía para contrarrestar la torpeza e ingenuidad de los aldeanos que fueron engañados por un profeta. Como esta historia, son miles las que podrían escribirse en relación con esta práctica de predecir el futuro. Esto es parte del trabajo de este jinete que engaña a la gente con sus embustes y diatribas.

Con todo y lo dicho anteriormente, sí existe un genuino ministerio de profecía en sus cinco facetas, como nos indica las sagradas escrituras, y sin duda hay hombres que hablan en nombre de Dios al pueblo, ejerciendo un ministerio con responsabilidad e integridad.

En conclusión, afirmar que en la mente del jinete del corcel blanco solo existe un objetivo y este es engañar, y el instrumento para lograr su cometido es simplemente la mentira. En este apartado seleccionamos tres aspectos significativos del amplio espectro de mentira de este jinete. En primer lugar se habló de aquellos que manipulan el texto y la imaginación para lanzar fechas falsas sobre la parusía del Señor, provocando disturbios y caos entre muchas personas. Como esta ha sido una práctica inveterada de nosotros los hombres, el tema de la segunda venida de Cristo se ha vuelto una changoneta[74] que nos ha desprestigiado ante el mundo no cristiano. El segundo aspecto abordado en este capítulo es lo referente a las olas que se levantan en las cuales los feligreses surfean. Algunas de esas olas son levantadas por Satanás y los indoctos lamentablemente se suben a ellas para darse cuenta después que las mismas no conducían a nada bueno y que lo único que provocaron fue confusión, división y amargura entre la gente de la Iglesia. Finalmente se habló de las profecías a la carta, un movimiento representado por personas de escasa educación y poco enten-

---

[74] Este es un término coloquial que se utiliza en Honduras para significar algo que no tiene seriedad y que no es creíble.

dimiento de la Biblia que se han autoproclamado profetas, hablando con una autoridad que no tienen, sobre asuntos que no saben o sobre asuntos que no necesitan la intervención de un profeta porque son suficientemente obvios a los ojos de cualquiera. Bajo este contexto ha habido muchas mentiras, falsas predicciones y engaños a incautos.

Sin duda la agenda de engaño de este jinete es mucho más amplia, sin embargo, lo aquí expuesto ilustra sobre aspectos torales que la Iglesia está experimentado el día de hoy.

B. El jinete del caballo rojo que hace la guerra, cabalga

El mapa político del mundo no es necesariamente el que nosotros conocemos o el que nos enseñan en la clase de geografía. Las fronteras del mapa político de este mundo son las ideologías religiosas y políticas[75] que de una u otra manera están relacionadas con el capital. Por ejemplo, el mundo musulmán controla casi la mitad de la población mundial y no solamente se encuentran en sus países de origen sino que están diseminados en los países occidentales donde detentan un po-

---

[75] Por ejemplo, el sionismo, que es la ideología nacional de los judíos, gira alrededor del establecimiento de una unidad política en la cual los judíos están al control de sus vidas y desarrollo de sus instituciones asociadas con su Estado. Este movimiento político surgió en Centroeuropa en el s. XIX. Para más información, *vide* GOLDSCHEIDER, Calvin. *The Arab-Israeli Conflict*, USA: Greenwood Press, 2002. El mundo árabe es por antonomasia antisionista. Autores como Alan Taylor explican el origen del sistema árabe compuesto por una ideología que va desde el nacionalismo hasta el fundamentalismo religioso. *Vide* TAYLOR, Alan, *Arab Balance of Power*, USA: Syracuse University Press, 1982. Otro libro altamente recomendado es el de Paul Salem, de la Universidad Americana de Beirut. En este libro se mira cómo la ideología es descrita como una de las fuerzas directrices de la política árabe. En este interesante libro Salem examina el levantamiento y la caída de algunos puntos de la ideología árabe y su efecto político en la región. Haciendo una acercamiento multidisciplinario, analiza la raíz psicológica, política y económica que origina la ideología política y el contenido intelectual de los principales movimientos, desde el nacionalismo árabe hasta el fundamentalismo musulmán. *Vide* SALEM, Paul, *Bitter Legacy*, USA: Syracuse University Press, 1994.

der económico que se han ganado a pulso. La minuta ideológica de esta religión considera a todas aquellas personas que no son musulmanes como infieles a los que hay que someter mediante la *yihad*.[76] El primer enemigo del musulmán fanático[77] es el pueblo judío, su deseo y objetivo es erradicar a este pueblo de sobre la faz de la Tierra. Los judíos, no solamente están en Israel, sino que se encuentran en los países de Occidente más ricos donde controlan la economía de estos Estados, de ahí que estos países como Estados Unidos, Canadá, Europa son enemigos por antonomasia de los musulmanes extremistas.

Las últimas guerras que el mundo ha presenciado —las dos del golfo por ejemplo, la de Afganistán, Pakistán *inter alia*— son guerras para medir el pulso entre los Estados Unidos y países musulmanes o milicias rebeldes comprometidas con la yihad que se rifan la vida con los norteamericanos.[78] En el mapa

---

[76] En el idioma árabe la palabra *jih d* se traduce como un sustantivo que significa 'esfuerzo'. *Jih d* aparece 41 veces en el Corán. Frecuentemente es una expresión idiomática que significa «esforzándose en el camino de Dios (*al-jih d fi sabil Allah*)». Una persona comprometida con la yihad es llamada *muyahidín*. Yihad es un deber religioso muy importante para los musulmanes. John Hagee, citando a Ibraiham Sarbal, líder del movimiento islámico de la yihad en Palestina, afirma: «Maten tantos judíos como puedan y finalmente tendrán que abandonar Palestina». Sobre este comentario, Hagge señala que es una estrategia simple y diabólica. En el mismo libro, Hagee cita la declaración de uno de los miembros de Hamás, el imán Hassan al-Banna, quien aseveró lo siguiente: «Israel existe y continuará existiendo hasta que el islam lo destruya, al igual que otros predecesores». Para mayor información, *vide* HAGEE, John, *Principio del fin* (*op. cit.* en bibliografía final; *cfr.*, pág. 39 y sigs.).

[77] Es obvio que no nos estamos refiriendo a toda la comunidad musulmana, la cual está dividida en diferentes facciones.

[78] El 29 de enero de 2002, el presidente George W. Bush denunció ante el Congreso de los Estados Unidos el surgimiento de lo que él denominó 'el eje del mal'. Tres naciones no cristianas que apoyaban el terrorismo internacional y contaban con armas de destrucción masiva, Irak, Irán y Corea del Norte fueron puestas en la mira del país más poderoso del mundo. Concluida la guerra en Afganistán, Bush iba en pos de un viejo enemigo de su nación y de su familia: Saddam Hussein. El 20 de marzo de 2003, Bush desató la segunda guerra del s. XXI. De los tres Estados señalados por Bush, dos son Estados musulmanes y el otro es comunista. Dos ideologías que no encajan en la estructura de pensamiento de los Estados Unidos y en virtud de la incapacidad de ambos bandos, existe una rivalidad a muerte, que es la que provoca el odio que lleva a estas guerras. Si bien es cierto que en la actualidad los Estados Unidos ejercen un control militar y una influencia política fuerte en Irak, el grueso de la población iraquí mira a los americanos como invasores, como infieles que se han tomado el país por el uso de

geopolítico aparecen los países denominados del *Tercer Mundo*; algunos de ellos han adoptado una postura política denominada populista, o socialismo del s. XXI, con la cual se han enfrentado a los Estados Unidos, a quienes acusan de imperialistas. Estos países no tienen ni la infraestructura ni la motivación religiosa para hacer lo que hacen los musulmanes. Lo que esto quiere decir es que en la agenda del jinete del corcel rojo está el enfrentar a Occidente, capitalista, rico y projudío, contra los musulmanes, ricos también, pero con un alto ingrediente religioso que destila un odio[79] capaz de secuestrar cuatro aviones en el mismo territorio norteamericano y estrellarlos en objetivos claves y simbólicos de los Estados Unidos, y, en el caso de las Torres Gemelas, contra un objetivo emblemático judío. El ruido de los cascos que produce el galope de este corcel es definitivamente ensordecedor y cada día que pasa se hace más insoportable hasta que llegue al límite de decibelios y provoque lo inevitable.

En este apartado será objeto de estudio algunos de los hechos que forman parte de la agenda del jinete que cabalga en el corcel rojo.

1. Las venas de Latinoamérica y el mundo siguen abiertas

Muchas aguas han corrido por los ríos de este continente desde que Eduardo Galeano escribiera *Las venas abiertas de América Latina*.[80] Dichas venas, siguen abiertas, y este continente y el

---

la fuerza. En el libro *La nueva guerra* los reporteros de Televisa, que fueron destacados por este medio en Irak, nos cuentan de primera mano la experiencia desde adentro de lo que fue esta guerra. Para mayor información, *vide* Reporteros de Televisa, *La nueva guerra. Objetivo Saddam*, México: ed. Grijalbo. 2004.

[79] En su libro *El futuro del Medio Oriente*, Mario Fumero inicia hablando del odio histórico que ha existido desde el principio entre judíos y árabes, en la actualidad no necesariamente árabes, sino musulmanes que recibieron esa herencia directamente de los árabes a través de la religión. Fumero analiza una serie de tópicos relacionados con esta temática como si el islam fuera un peligro para la paz del mundo o el integrismo de los palestinos al islam. Para mayor información, *vide* FUMERO, Mario, *El futuro del Medio Oriente*, Honduras: Producciones Peniel, 2003.

[80] *Vide* GALEANO, Eduardo, *Las venas abiertas de América Latina*, Argentina: Siglo XXI, 1970.

mundo entero se desangra a raíz de la violencia que campea en nuestras ciudades. La violencia tiene su origen en el corazón no arrepentido del ser humano, pero más específicamente en la obra de engaño que Satanás efectúa, que hace que el hombre abrigue en su corazón todo aquello que genera la violencia. Esto es parte de la agenda de aquel que cabalga en el corcel rojo. La verdad de las cosas es que producir la violencia es algo bien sencillo por parte del Arcángel de maldad: en América Latina, por ejemplo, el tema de la injusta distribución de la riqueza, la desfachatez de la clase política que ha sumido a este continente a cien años de soledad son elementos que fácilmente destilan odio y resentimiento en las grandes masas de miserables que pueblan los cinturones de miseria, o villas miserias, o favelas, o como quiera que se las llame, sobre todo por la insinuación infame de las clases privilegiadas que con su estilo de vida abofetean a aquellos que literalmente no tienen donde caer muertos; en tal sentido, lo enumerado anteriormente hace que la violencia brote con facilidad inusitada,[81] es una simple conexión satánica y tenemos un levantamiento violento. Vemos en la actualidad que este jinete está trabajando como nunca antes en el corazón de estas masas que son tristemente manipuladas para su propia destrucción. En el caso del Oriente Medio, el asunto es todavía

---

[81] Según la CEPAL, un rasgo sobresaliente en América Latina es la elevada heterogeneidad de la pobreza. Los menores niveles de pobreza se registran en la Argentina, Chile, Costa Rica y el Uruguay, con tasas inferiores al 22 %, y tasas de indigencia entre el 3 % y el 7 %. El grupo de pobreza media-baja está constituido por Brasil, Panamá y Venezuela, donde la tasa de pobreza se mantiene por debajo del 30 %; y los países con pobreza media--alta incluye a Colombia, Ecuador, México, El Salvador y la República Dominicana, que están entre un 35 % y un 48 %. Los países con las tasas más altas de pobreza e indigencia, que superan el 50 % y el 30 % respectivamente, son Bolivia, Guatemala, Honduras, Nicaragua y el Paraguay. Estos números nos muestran la situación grosera en la que viven los habitantes de Latinoamérica, pero, sobre todas las cosas, el sistema injusto orquestado por Satanás, que se vale de antivalores como la codicia, el egoísmo, el individualismo, que hacen que un reducido número de personas explote y humille sin misericordia a una gran masa de infelices que viven en situaciones verdaderamente paupérrimas. Para efectuar un estudio completo de la realidad económica de Latinoamérica, *vide* Comisión Económica para América Latina (CEPAL), *Panorama social de América Latina*, informe del año 2009, pág. 54.

más fácil; allá existe una rivalidad ancestral de todos contra los judíos,[82] y no es para menos: los judíos han sido y siguen siendo el instrumento de Dios para azotar a esos pueblos. Ellos lo saben, porque, desde épocas inmemoriales, los judíos han peleado contra todos esos pueblos y los han vencido. Aunque suene grosero decir todo esto, es la verdad, «la salvación viene de los judíos»[83] y Dios usó a su pueblo para exterminar a las naciones paganas de Canaán y conquistar su tierra. Dios concedió a los judíos el establecimiento de reinos tan prósperos como el de David y Salomón y luego, aunque Dios castigó a su pueblo por su desobediencia, los ha traído de todos los confines de la Tierra para crear nuevamente el Estado de Israel. Un día después de la declaración de independencia hecha por David Ben-Gurión, todos los pueblos vecinos le hicieron la guerra, a todos ellos venció y lo ha hecho en reiteradas ocasiones. El odio de miles de años atrás unido al actual es simplemente una bomba de tiempo que el jinete de este caballo hará detonar en cualquier momento. Los esfuerzos diplomáticos de los Estados Unidos y Europa, aunque válidos, son y seguirán siendo infructuosos, la sentencia ha sido dada y es irrevocable. Ningún ser humano puede detenerlo y los cascos de este corcel y del sequito que le acompaña hace que la Tierra retumbe y que el pánico crezca, sin duda: *el fin de todas las cosas se acerca…* en tanto, este mundo se desangra… las venas siguen abiertas.

2. La industria maldita

Cuando hablamos de la industria maldita nos referimos específicamente a aquella organización bien montada que existe

---

[82] El autor Gregory Harms realiza un análisis histórico magistral de la rivalidad ancestral entre los pueblos del Oriente Medio. *Vide* HARMS, Gregory. *The Palestine-Israel Conflict*. USA: Pluto Press. 2005.

[83] *Vide* Juan 4:22b.

y que se dedica exclusivamente a la fabricación de armas[84] de destrucción tanto individual como masiva.[85] Estos engendros del mal tienen como función principal crear, innovar, mercadear, vender todo tipo de armas destructoras, llámense armas biológicas, químicas o nucleares. A ellos solo les interesa el dinero, el efecto devastador que tenga su trabajo no es algo

---

[84] Al artículo, del 11 de junio del año 2007, del *Clarín* de Buenos Aires, nos ilustra el tema de las armas: «... El principal impulsor sigue siendo Estados Unidos, aunque seguido de cerca por empresas europeas. La cifra global alcanzó los 290 000 millones de dólares. Las compañías estadounidenses y de Europa occidental dominaron ampliamente este mercado, *totalizando el 92 % de las ventas*. El listado lo encabezan cuarenta fabricantes estadounidenses, quienes efectuaron el 63 % de las ventas durante el 2005. Le siguen 32 empresas europeas con el 29 % y nueve rusas con el 2 %. El 6 % corre a cargo de sociedades japonesas, israelíes e indias, indica el SIPRI (Stockholm International Peace Research Institute). Hay cuatro compañías estadounidenses que se destacaron por el fuerte crecimiento de sus ventas. Se trata de L-3 Communications, Raytheon, Northrop Grumman y General Dynamics. También experimentaron una subida importante la británica BAE Systems y la italiana Finmeccanica. De acuerdo al informe del SIPRI, la política estadounidense después de los atentados del 11 de septiembre de 2001 tiene dos efectos en la industria de las armas: el *aumento de la demanda del Ministerio de Defensa debido a la presencia de tropas en Afganistán y en Irak,* y el incremento de las exportaciones de armas. El instituto también subraya que la política estadounidense, tras los atentados de 2001, provocó un aumento de los gastos vinculados a la seguridad en territorio norteamericano, lo que engendró un incremento de la demanda en el sector de la seguridad de manera general». Aunque los datos del artículo hayan sido dados hace más de tres años, las cosas no han cambiado. Los Estados Unidos sigue siendo no solamente el mayor productor de armas, sino el mayor consumidor. El ser la primera potencia del mundo le obliga a tener supremacía militar. La paradoja del asunto es que los Estados Unidos es un país fundamentado con los principios del cristianismo, es la primera potencia misionera del planeta y es considerado uno de los países más evangélicos del mundo. Sin embargo, es un país que sostiene su poderío por la fuerza de las armas. Aquí pareciera que se modificó el versículo de la Escritura que reza «no es con espada ni con ejército sino con su Santo Espíritu». Los norteamericanos lo entendieron de otra manera obviamente: no es con la oración ni con el Santo Espíritu sino con las armas de destrucción. De lo contrario no se explica semejante contradicción.

[85] Esta es una de las industrias mejor montadas que existen en el planeta, la bibliografía sobre este tema es abundante y nos muestra aspectos importantísimos de su funcionamiento. Se recomienda altamente estudiar una serie de conferencias editadas por Inbar y Zilberfarb en *The Politics and Economics of Defence Industries*, London: Besa Studies in International Security, Frank Cass Publishers, 1998. Aquí se presentan una serie de conferencias donde se enfoca este tema desde diferentes ángulos. *Verbi gracia,* «La industria de la defensa americana después de la Guerra Fría». Otra conferencia es «Industrias de la defensa en el Reino Unido». Otra interesante ponencia es «La industria militar en el mundo árabe en los años 1990». Un libro un tanto antiguo, pero no menos interesante, porque nos muestra de una forma clara el funcionamiento de este sistema cósmico es el escrito por Andrew Pierre, *The Global Politics of Arms Sales,* USA: Princeton University Press, 1982.

que les quite el sueño, la vida humana no tiene ningún valor para ellos. Si un Estado u organización mata a una población, a ellos no les importa, mientras tengan el dinero que les sirva para costearse su pomposa vida, pues lo demás no importa.

Su trabajo es desarrollar proyectos billonarios en los cuales ponen todo su ingenio al servicio del jinete del caballo rojo. Lo peor de todo es que ellos ignoran eso, que son simples títeres en las manos de este malvado personaje que tiene una agenda de muerte y destrucción y que estos infelices, llamados científicos, zares de la industria maldita, son simplemente peones en el ajedrez que maneja este personaje de Apocalipsis 6. Su trabajo es crear e innovar las armas más destructoras posibles y sin necesidad de empolvarse. Desde un centro de operaciones, hay un grupo de gente muy educada y científica, con doctorados de las universidades y academias más prestigiosas del planeta dirigiendo ataques devastadores vía satélite contra poblaciones enteras, contra seres humanos a los que ellos llaman enemigos y que hay que quitarles la vida.

Mucha agua ha corrido por los ríos de este planeta desde aquellas épocas donde los ejércitos se enfrentaban hombre a hombre. El jinete que cabalga en este corcel no ha estado de vacaciones, ha estado haciendo su trabajo y lo ha estado haciendo bien; en este momento histórico, el jinete tiene un arsenal suficiente para destruir a este planeta y, con él, destruir el tesoro más preciado de Dios, que somos nosotros. Afortunadamente, alguien más grande que este jinete está detrás de todo esto y es quien realmente controla todos los acontecimientos y es aquel que dijo «Yo soy el Alfa y yo soy la omega»: Jesucristo, el Dios todopoderoso, quien ha permitido la cabalgata de estos jinetes con un propósito sabio, eterno e irrevocable. Mientras tanto, los cascos del jinete que cabalga en el caballo rojo aumenta los decibelios del ruido y nos está poniendo muy nerviosos a medida que pasa el tiempo.

3. La familia de los parias

Los parias son todas aquellas personas que han tenido la desventura de haber nacido en familias disfuncionales, donde nunca hubo un padre o una madre y por lo tanto tuvieron que buscarse la vida en la calle, donde entraron en contacto con un submundo controlado por Satanás donde experimentaron toda suerte de experiencias de rechazo, odio, miseria y otra serie de sinsabores más. Esta realidad fue labrando un corazón rebelde, lleno de odio hacia la sociedad, un espíritu de venganza que los ha llevado a la osadía de violar todas las leyes y normas impuestas por la sociedad. Teniendo el ser humano en el ADN la necesidad de tener una familia, el sentido de pertenencia, estos parias encontraron en las pandillas,[86] verdaderas organizaciones del crimen, una familia y el sentido de pertenencia a que todo ser humano aspira. En las pandillas, sus miembros manejan un código de conducta tan estricto como en el ámbito militar; me refiero a valores como la lealtad, obediencia, disciplina, trabajo en equipo, solo por mencionar algunos. Allí, los pandilleros encuentran en el líder a un padre, a un guía espiritual, un modelo a quien admirar y seguir. El líder los educa, crea en sus espíritus el orgullo de ser miembro de la pandilla, lo recompensa y lo castiga cuando este falla. Esta es la familia de los parias.

Este tipo de asociaciones son un hervidero de violencia y odio, un verdadero polvorín donde cunde el crimen, la droga, el sexo irresponsable y todos aquellos antivalores que destruyen al ser humano.[87] Son verdaderas organizaciones del cri-

---

[86] Para un mejor conocimiento sobre este tema se recomienda ver el estudio de José Luis Rocha, «Mareros y pandilleros: ¿Nuevos insurgentes, criminales?», <http://www.envio.org.ni/articulo/3337>.

[87] Sobre el tema de las pandillas se recomienda el trabajo editado por Barbour Scott, *Gangs*, USA: Thompson Corporation, 2006. En él se desarrolla una serie de trabajos que abordan toda la problemática de las pandillas desde una perspectiva sociológica mayormente. También el trabajo editado por William Dudley y Louise Gerdes, *Gangs*. USA: Greenhaven Press, 2005, donde se desarrolla una serie de ponencias sobre este tema.

men, controlan el narcotráfico en sus territorios, una de las formas más rentables para financiar sus operaciones delictivas, también están involucrados en la industria del sicariato. Cuando un fulano quiere deshacerse de alguien, simplemente contrata a una organización de estas para que ejecuten el trabajo. La violencia alcanza proporciones apocalípticas cuando una pandilla se enfrenta a otra. Exactamente igual que en la jungla, los pandilleros marcan su territorio y cuando una pandilla rival transgrede la marca, pues no queda más remedio que la guerra. La policía hace esfuerzos enormes por erradicar a las pandillas, pero cuanto más lo intentan, más fracasan. Mientras haya parias, habrá pandillas. Por eso es lamentable cuando vemos por la televisión la forma tan brutal como la policía trata a los pandilleros y los lleva a la cárcel, cuando en realidad los responsables humanos son sus padres biológicos que irresponsablemente se pusieron a tener hijos y los abandonaron a esta triste suerte.[88] La sociedad los llama lacra, y en tal sentido, la sociedad ha creado los tristemente célebres escuadrones de la muerte, cuya misión es exterminar a estos jóvenes, victimas del poder de Satanás.

---

[88] Endurecer las penas contra los pandilleros y hacer despliegues espectaculares de seguridad es como *gastar pólvora en zopilotes*. Un testimonio elocuente de la aseveración anterior son las palabras de Sailen: «Nunca tuve amor de madre, ni de padre, entonces me tiré a las calles y después me refugié en las maras». Sailen tiene 33 años e ingresó a las pandillas a los 14 años, y hoy purga una pena de 74 años de prisión por asesinato. En ese mismo sentido Skooby, también de 33 años, señala: «...mis padres desde que me engendraron se olvidaron de mí y empecé a hacer maldades en la calle». Las declaraciones de estos pandilleros nos muestran dos aspectos bien claros: Número uno, que los primeros responsables de la existencia de las pandillas y lo que estas significan son los padres irresponsables que se dejan llevar por sus malas pasiones y engendran hijos sin ninguna clase de responsabilidad. En realidad estos individuos son los que deben estar en la cárcel por el daño, humanamente irreparable, que les han hecho a sus propios hijos y por ende a la sociedad. Número dos, debe existir una política de Estado para combatir el acto irresponsable de engendrar hijos sin ningún tipo de responsabilidad, y todo comienza promoviendo los valores espirituales que encontramos en la Biblia y luego desarrollando una política que al menos reduzca a su mínima expresión la existencia de paternidad irresponsable. *Vide* ZALDÍVAR, Raúl, «La paradoja de los pandilleros: víctimas y victimarios», editorial publicado en *Diario la Razón* de Tegucigalpa.

Además de las pandillas, Satanás ha creado otro gremio temible en la sociedad para cumplir con su agenda de violencia y este es el que representa los famosos carteles de la droga. Estas instituciones que tienen su razón de ser en la amplia demanda que existe en el mundo de las drogas, especialmente en el primer mundo, donde los toxicómanos pagan considerables sumas de dinero para sostener el vicio en el que han caído. El mundo de las drogas genera sumas inefables de dinero de una forma casi instantánea a la que es muy difícil oponer resistencia. El hombre sucumbe fácilmente ante el engaño satánico con la esperanza que nunca va a caer en manos de la justicia humana. La perversidad del mundo de las drogas radica en el engaño brutal de Satanás de envenenar a millones de seres humanos con una droga que los esclaviza, que los reduce a su mínima expresión y que pisotea su dignidad humana. Para lograr su cometido, Satanás usa a otros hombres, que motivados por el amor al dinero caen en la falacia diabólica y se prestan como instrumento de iniquidad para formar verdaderos escuadrones de la muerte y declarar la guerra a los carteles rivales y a la policía. Además, usan su dinero para corromper todo tipo de autoridad y así operar con impunidad en sus territorios bien delimitados. En palabras sencillas, Satanás crea un monstruo de varias cabezas cuya influencia crea un submundo de maldad. Aquí hay una combinación bien urdida entre el jinete del caballo blanco que engaña y el jinete del caballo rojo que hace guerra.[89] El resultado de todo esto es una violencia sin cuartel

---

[89] Un texto que podría ser útil para entender el desenvolvimiento del fenómeno de las drogas: ROLEFF, Tamara (editor), *The War on Drugs*, USA: Greenhaven Press, 2004. En este libro, diferentes autores desarrollan una serie de temas relacionados con el mundo de las drogas. Otro libro que se recomienda altamente para entender el mundo de las drogas desde dentro es el escrito por la periodista Astrid Legarda, *El verdadero Pablo: sangre, traición y muerte*, Ediciones Dipon, 2005. En este libro la periodista Legarda entrevista a John Jairo Velásquez Vásquez, alias *Popeye*, un lugarteniente de Pablo Escobar quien hace declaraciones impresionantes que desnudan el *modos operandi* del mundo de las drogas.

de estos parias con todo aquello que representa una amenaza a su imperio. Los resultados son las tristemente noticias rojas que leemos todos los días en los periódicos de Latinoamérica. La violencia de la que somos testigos ahora, es una violencia sin parangón en la historia, su incremento rebasa todos los límites y solo hay una explicación, el jinete del corcel rojo se acerca, su ruido ya ha causado pánico en ciudades enteras como San Pedro Sula en Honduras, Ciudad Juárez en México, solo por mencionar algunas.

En conclusión, la agenda del jinete del caballo rojo es supremamente amplia: lo que aquí exponemos son tres temas de esa gran agenda de violencia y sangre. En primer lugar hablamos de lo que genera la violencia a nivel macro en el mundo, que son las ideologías religiosas y políticas poniendo en el centro del asunto la controversia árabe-israelí, o judío-musulmana, o el pueblo de Dios y los gentiles. No importa el nombre, lo que importa es que hay una controversia que se ha creado, una bomba de tiempo que inevitablemente va a explotar el día que Dios tenga designado para ese evento. Lo que hasta ahora hemos visto, es simplemente un preludio del Armagedón o batalla de los siglos. El segundo tema que hemos visto es lo relacionado con las armas: no hay violencia ni sangre sin armas. En virtud de lo anterior, Satanás ha creado una industria a la que llamamos *industria maldita*, porque no puede ser bendito aquello que sirve para quitar la vida, causar dolor y odio a otros seres humanos. Es cierto que un bando llama a esta industria 'el estandarte para defender la democracia y la libertad' y el otro bando considera a esta industria como el mecanismo para destruir a los infieles y enemigos de Alá. Ambos bandos han sido engañados por Satanás y enfrentados por una causa tonta y sin sentido. Finalmente, hablamos de la violencia que existe a nivel interno en nuestras sociedades, aquella generada por las pandillas y los carteles de la droga, que tienen al borde del colapso a muchas ciudades del continente y que mediante sus macabros hechos llenan las primeras planas de los periódicos más importantes del planeta.

De esta manera se expone algo de la cabalgata del jinete que galopa en el corcel rojo del Apocalipsis.

C. El jinete del caballo negro que trae hambre, cabalga

Hablar de hambre desde el contexto de los Estados Unidos es más o menos ridículo puesto que este es el país donde comer es un pecado, al igual que en Europa. En Latinoamérica, hay comida, lo que ocurre en aquellas latitudes es que la dieta es muy precaria y rutinaria debido al alto costo de la vida. Esta frustración es la que ha desencadenado la violencia, el narco-tráfico, la inmigración hacia los Estados Unidos y otros países del primer mundo para poder vivir de una forma decente.

En el África y algunas áreas de América Latina hay hambre, y hay hambre no porque no haya comida, en muchos casos, sino porque la gente no tiene dinero para comprarla: esto es lo inconcebible. Ahora, sabemos que los grandes desastres naturales que han ocurrido han provocado hambrunas, pero las mismas han sido paliadas por la comunidad internacional, sin embargo, a medida que nos acerquemos al fin del mundo, el tema del hambre no será una característica exclusiva de los pobres de la Tierra, sino que trascenderá a las esferas pudientes de este mundo. La expresión bíblica, en Apocalipsis 6:6, «...un kilo de trigo, o tres kilos de cebada por el salario de un día...», denota la perdida sustancial del valor del dinero,[90] que trae como aparejada consecuencia la imposibilidad de adquirir alimentos.

---

[90] Esta tesis es explicada por Billy Graham en su libro *Approaching Hoofbeats. The four horsemen of the Apocalypse* (*op. cit.*, pág. 177).

Sin duda, el hambre es parte importante de la agenda del jinete que cabalga en el corcel negro, y es una agenda que se está cumpliendo en la actualidad, pero que tendrá un impacto mayor a medida que la parusía del Señor se acerca. De manera que en este apartado será objeto de estudio algunos aspectos relevantes relacionados con la agenda actual de este jinete.

1. Injusticia distributiva de la riqueza

Aquí estamos hablando de la enorme brecha que existe entre ricos y pobres. Una minoría inferior al 10 % controla hasta el 40 % de la riqueza en algunos países de América Latina.[91] Una infamia de esta naturaleza desnuda el pecaminoso corazón del hombre, pone al descubierto su insensibilidad, su codicia y su falta de solidaridad para con aquellos congéneres que no han tenido las mismas oportunidades o la sagacidad de relacionarse para poder optar a estándares de vida más justos.

Por otro lado, las grandes masas desposeídas no son blancas palomitas; también tienen su cuota de responsabilidad en todo este descalabro. La razón es el pecado que también campea en sus corazones y aquellas conductas que la Biblia considera inmorales.

---

[91] Una de las formas de caracterizar la desigualdad distributiva es la participación de distintos grupos de hogares en los ingresos totales. En una distribución de ingreso equitativa. cada grupo debería recibir una cantidad de ingresos proporcional a su participación en la población, por lo que la discrepancia entre ambos valores da cuenta del grado de concentración de los recursos. Por ejemplo, en el cuadro sobre la distribución de la riqueza que nos presenta la Comisión Económica para América Latina (CEPAL), nos muestra como en países como Honduras, en el año 2007, el 40 % de la población solo recibía el 10,1 de los ingresos, y cómo el 10 % de la población recibía el 36,9. En el caso de Nicaragua, el 40 % de la población recibía 14,3 y el 10 % recibía el 35,5. En unos países la brecha será menor, pero la tendencia es esta: una mala distribución de la riqueza; más bien, una grosera distribución de la riqueza que desnuda a un sistema injusto y perverso que no tiene respeto por el ser humano. La clase política de este continente ha sido cómplice de esta injusticia que al final se revertirá en su contra. Satanás ha creado esta situación en contubernio con la gente que domina y esta misma situación es la que está provocando una inestabilidad social brutal en la actualidad y en el futuro cercano, que, sin duda, es un señal clara de la parusía del Señor. Para un conocimiento amplio se recomienda estudiar: Comisión Económica para América Latina (CEPAL), «Panorama social de América Latina» (*op. cit.*, págs. 88 y 89).

Es obvio que en los países ricos esa brecha es menor: las grandes masas, o clase media como se la llama, vive con decencia, pero también vive con muchas limitaciones. La injusticia distributiva es parte de la agenda del jinete del caballo negro, pues la falta de dinero, el hambre, genera resentimiento, odio, amargura y finalmente un enfrentamiento entre ambos bandos y eso lo estamos viendo con los levantamientos en las sociedades donde un dictador les ha oprimido por años y ha creado esa brecha. Uno de esos casos fue el ocurrido en Túnez, como lo relata Oliver Piot:

Todos conocen ya su nombre y las circunstancias de su muerte. Abofeteado en público por un agente de policía que le confiscó su carrito de vendedor ambulante de frutas y verduras, Mohamed Bouazizi acudió al ayuntamiento para quejarse. Se negaron a recibirle. Nadie quiso escucharle. El joven se fue y después volvió ante el edificio, se roció con gasolina y se inmoló en la plaza pública. Le llevaron al hospital... El 28 de diciembre de 2010, una foto de propaganda oficial que presentaba al presidente Ben Alí a la cabecera de su cama en el hospital empezó a circular por los periódicos e internet. El presidente tomó por primera vez la palabra en la televisión hablando de «instrumentalización política» del suceso. El 4 de enero Bouazizi fallecía en el hospital como consecuencia de sus heridas. Dos días después, el jueves 6 de febrero, ya nadie duda de que el acto desesperado de este joven de 26 años será el detonante de la mayor revuelta popular de la historia moderna de Túnez.[92]

---

[92] *Vide* PIOT, Oliver. «De l'indignation à la révolution», <www.monde-diplomatique. fr/2011/02/-PIOT/20114>.

Este caso se ha vuelto en un paradigma mundial de cómo la impotencia de un hombre puede llevarlo a inmolarse en un acto público porque un sistema corrupto y perverso le estaba quitando la oportunidad de llevar el pan a la mesa de su familia. La iniquidad del sistema muestra la indolencia, la falta de empatía por el dolor y sufrimiento humano. Existe mucha gente honrada que trata de ganarse el pan de forma correcta, pero el sistema que este jinete ha montado los acorrala y los lleva a estadios de desesperación que desencadena en grandes revueltas sociales como el caso de Túnez.

En relación con el hambre que padece el mundo, es muy interesante leer este comentario del *Clarín* de Buenos Aires:

El último informe de la Organización de las Naciones Unidas para la Agricultura y la Alimentación (FAO) traza un panorama desalentador sobre el hambre en el mundo y pone de manifiesto las consecuencias de la escasa ayuda de los países más ricos y la falta de políticas de desarrollo y distribución de ingresos en los afectados. Según el informe, en el bienio 1998-2000 había alrededor de 840 millones de personas desnutridas en el mundo. De esa cifra, 799 millones son de países en vías de desarrollo y solo 11 millones viven en países industrializados. Las principales causas son la pobreza, los conflictos armados y los desplazamientos de poblaciones. Asimismo, destaca que el acceso a la Tierra y al agua son requisitos clave para saldar la deuda del hambre. Según la FAO, hay más de mil millones de personas que viven sin acceso al agua potable en el mundo. La falta de agua segura para beber y cocinar y la precariedad sanitaria son el origen de las más de 9 millones de muertes al año vinculadas a la pobreza. El informe también destaca el "hambre o desnutrición encubierta", originada en la deficiencia de vitaminas y minerales en las dietas de las personas, padecida por 2 000 millones de personas Las autoridades del organismo de las Naciones Unidas han manifestado su preocupación, porque se está muy lejos de cumplir con el objetivo fijado en la Cumbre Mundial de la Alimentación de 1996, de reducir a la mitad el número de hambrientos para el año 2015. Para cumplirlo habría que reducir en 24 millones cada año, hasta el 2015, el número de personas afectadas. Como dice la FAO, se precisan 24 mil millones de dólares en inversiones públicas adicionales, que deberían concentrarse en los países pobres con mayor número de desnutridos. El problema del hambre reside, entonces, en dos cuestiones básicas. Por una parte, en que los países ricos aumenten sus contribuciones para financiar los programas correspondientes. El segundo que los países dispongan de políticas adecuadas para mejorar la situación de sus poblaciones y que utilicen adecuadamente la ayuda que reciben.[93]

En el anterior comentario se pone en evidencia la injusta distribución de la riqueza que existe en el mundo, que provoca el desequilibrio social que estamos viviendo. El editorialista señala como problema el hecho que los ricos no comparten con los pobres y los pobres no tienen políticas de desarrollo que solventen este flagelo. Desde la perspectiva sociológica tal observación es correcta, empero, si lo vamos a ver con los ojos de la Biblia, vamos a llegar a la conclusión de que el epicentro de este desequilibrio es la avaricia del corazón del hombre, que, como relatan las Escrituras, simplemente amplía sus graneros para almacenar sus riquezas olvidándose de los millones que se mueren de hambre. El origen de este pecado es el corazón no arrepentido del ser humano, el corazón malvado que necesita ser cambiado. Todo este escenario ha sido construido por

---

[93] *Vide* editorial del diario *Clarín*, 31 de octubre del año 2002: «El problema del hambre en el mundo», <http://edant.clarin.com/diario/2002/10/31/o-02402.html>.

el jinete que cabalga en el corcel negro y obedece a un plan perfectamente trazado que llevará a la humanidad incrédula a un enfrentamiento violento que causará desolación y muerte. Las intenciones de este jinete son malévolas y los cascos de su caballo y séquito se oyen cada vez más cerca.

2. Sálvese quien pueda

Esta es la misma actitud del hacendado de la Biblia que tiene una cosecha espectacular pero que en lugar de compartir con los pobres, simplemente hace más grande sus graneros porque su codicia no tiene límites.[94] La pobre actitud de ese hombre era sálvese quien pueda. Mientras yo tenga, no importa lo que le ocurra a las demás personas.

Esta ha sido la conducta que han observado los políticos en los países subdesarrollados: han llegado al poder para saciarse ellos, sus familias y sus allegados, y los demás... sálvese quien pueda. Por esa razón la brecha entre ricos y pobres es abismal, por eso el hervidero de pasiones del lado de los desventurados es inconmensurable. Quizás una de las cosas que más lacera a las clases desposeídas no sea el hambre, sino la arrogancia de las oligarquías altaneras[95] que han visto con menosprecio e indiferencia a las grandes masas sufrir. Como es obvio, todo esto

---

[94] *Vide* Lucas 12:18 y 19: «Esto haré: Derribaré mis graneros, y los edificaré mayores... y diré a mi alma: Alma, muchos bienes tienes guardados para muchos años, repósate, come, bebe, regocíjate...». Esta es la actitud nefasta de las personas cegadas del entendimiento que nos importa el bienestar de las otras personas y se caracterizan por la filosofía Salvase quien pueda.

[95] Harry Vanden y Gary Prevost señalan que la oligarquía o élite existe en Latinoamérica desde la monarquía maya. Señala que ha habido una oligarquía política y social que ha controlado la vida de estos Estados desde comienzos de la independencia de estos países. De la misma manera existen élites intelectuales y culturales... La creencia consciente o inconsciente que la élite debe liderar, decidir, dictar o gobernar ha dado lugar a prácticas autoritarias en política y en muchas áreas de la sociedad. *Vide* VANDEN, Harry y Gary Prevost, *Politics of Latin America. The Power Game*, USA: Oxford University Press, 2009. Estas élites han gobernado a favor de sus propios intereses y han hecho caso omiso de las penurias que viven las grandes masas creando una serie de situaciones de odio que posteriormente se traduce en violencia.

es parte de la agenda del jinete del caballo negro, es un trabajo fino que le ha tomado tiempo fraguarlo y llevarlo a cabo, especialmente en el corazón de ambos bandos.

El hambre, el vivir con limitaciones crueles, el vivir en las villas miserias, sin agua potable, oliendo y viendo las aguas negras correr por las cunetas que pasan enfrente de sus casas debe ser algo que provoque rabia e impotencia, pero sobre todas las cosas, cuando ven a sus hijos crecer en la miseria, sin ropa, sin zapatos, con una dieta alimenticia precaria y cuando estos enferman y no tienen los recursos para llevarlos al médico, sino que lo único que les queda es llevarlos a un hospital público a hacer sendas filas para recibir un mísera receta que cuando es presentada ante la farmacia del hospital, usualmente les dirán que esa medicina está agotada. Cuando estos parroquianos van al trabajo y miran a los políticos de turno o aquellos que detentan el poder económico en sendos carros o coches o pasan por las mansiones donde estos viven, no pueden evitar que la sangre se caliente y su espíritu arda en cólera y el corazón palpite mas a prisa.

Por otro lado, el jinete también ajusticiará a los ricos, a los hacendados tipo la Biblia, porque cuando el juicio de Dios cae sobre la Tierra y estropea las cosechas y la producción, pues todos padecen y padecerán hambre, el detalle es que los más vulnerables sentirán los efectos primero y será más dura la situación, pero el final, tanto del hacendado como del desposeído, es el mismo. El jinete del caballo negro odia a ambos y su misión es destruirlos; mientras tanto el engendro se divierte, la triste dicotomía del que está obeso, que también sufre por su obesidad, como aquel que padece hambre, al final de cuentas viene a ser la misma.

3. La teta del Gobierno, la única segura

La teta del Gobierno es una metáfora para ilustrar la mentalidad de cómo es educado un típico latinoamericano. La aspiración máxima de un ciudadano de esta latitud del mundo es trabajar en el Gobierno,[96] y el hacerlo es la autorrealización de este individuo que provoca la envidia de las otras personas. La mentalidad con la cual las personas son educadas es que al Gobierno se llega a robar y que hay que hacer todo lo posible por permanecer el mayor tiempo posible. El tema de servir a la sociedad y luchar por el bien público temporal es un estribillo para engañar a bobos; en el corazón de estos individuos hay una agenda dada por el jinete que galopa en este caballo. Estas personas, que son nuestros dirigentes políticos, son responsables directos de que la brecha se agrande más, que la distribución de la riqueza sea más injusta, que haya el odio entre las clases sociales. Aunque los discursos son completamente contrarios a esto, cuando estos llegan al poder, el sistema creado por Satanás los succiona de tal manera que no tienen forma de sobrevivir, y no tienen más remedio que acomodarse a la forma de vida que el jinete apocalíptico ha propuesto. La gente siempre hará lo que sea por llegar al Gobierno y tener poder, y luego, allí, lejos de cambiar el sistema de muerte y de injusticia se vuelven sus cómplices.

Por otro lado, esta es la realidad que nos confirma que la parusía del Señor se acerca, que pondrá punto final a la agenda del jinete del corcel negro que trae el hambre y que provoca una desestabilización social que trae como resultado la muerte y la violencia.

En este apartado hemos visto la cabalgata del jinete del caballo negro que representa el hambre y lo hemos visto en tres apartados. En primer lugar, se trató lo relacionado con la injusta distribución

---

[96] El trabajo decente no deshonra a nadie y menos ser un servidor público. Lo que aquí se señala no es que trabajar en el Gobierno es malo *per se*, sino que dejarse succionar por el sistema malévolo que Satanás ha creado y hacerse cómplice de sus fechorías, comprometiendo los principios éticos, es algo verdaderamente lamentable ante lo cual sucumben muchas personas, inclusive personas con trayectoria dentro de la Iglesia. Lo que aquí se señala es que ese sistema que Satanás ha creado en los gobiernos de nuestro continente ha generado hambre y, como consecuencia, pobreza y miseria. El cristiano debe participar solamente en el caso de que sea un ente de cambio y que en ningún momento comprometa sus principios cristianos.

de la riqueza, que pone al descubierto la perversidad del corazón del hombre y su indolencia ante un sistema tan injusto, donde una pequeña minoría detenta un inmensa riqueza y una gran mayoría vive ya sea bajo el índice de pobreza o de indigencia. En segundo término, se trató el tema de la avaricia del hombre, utilizando el ejemplo del hombre rico que hace más grande su granero, y que genera pobreza en la sociedad y, por ende, hambre. Finalmente, se habló de la mentalidad que existe en los pobladores de Latinoamérica de llegar al Gobierno no a ser un servidor público, sino a saquear el erario público, patrimonio de todos, provocando en el acto pobreza y miseria en las grandes masas de este continente.

D. El jinete del caballo amarillo que trae pestilencia y muerte, cabalga

En el caso de que haya una gran tribulación, donde estos juicios divinos de Apocalipsis 6 son acontecimientos futuros, este jinete parece que se desesperó y se ha adelantado a los otros. El galope de este corcel se oye tan potente que resuena de tal manera que en nuestros oídos ya padecemos de sordera. Es completamente inverosímil los estadios de irrespeto por la vida a la que el ser humano ha llegado, al extremo de que un miserable celular tiene más valor que la vida de una persona. En el pasado se le llamó a Joseph Mengele[97] El Ángel de la Muerte; en el presente Mengele se quedaría atrás ante la perversidad y alevosía de cómo se le quita la vida a la corona de la creación de Dios. Los cascos de este corcel se oyen con potencia ensordecedora y hace estragos en el presente.

En la presente sección se tratará de analizar la agenda del jinete de la muerte que protagoniza una actuación macabra en la sociedad actual.

---

[97] Joseph Mengele, conocido como El Ángel de la Muerte, fue un nazi que hizo experimentos macabros con judíos en los cuales millones perdieron la vida.

1. La muerte danza al filo del poder y la venganza

Los carteles de la droga han sentado jurisprudencia: el alcanzar el poder es la meta a lograr; ellos saben que la única forma de alcanzarla es aplicando la ley de la selva. De la misma manera que un animal salvaje marca su territorio y mata para vivir y ejercer dominio, así lo hacen estos señores de la droga que han levantado un imperio de terror y muerte a lo largo y ancho de todo el continente. Los gobiernos han declarado su lucha frontal contra ellos, lo que ocurre es que cuanto más se les ataca, más enclaves de droga surgen. El poder es una droga en sí mismo, que una vez que un individuo se hace adicto, no hay nada que lo vuelva atrás.

El jinete de la muerte siempre ha rondado en el escenario humano, y la sangre que se ha derramado en la historia de la humanidad podría formar un río caudaloso de varios miles de kilómetros. Hemos creído que *muerto el perro se acabó la rabia*, el problema es que no hemos considerado que el perro no es una gota aislada en el espacio, sino un miembro de una sociedad que se resiente de su muerte y que provocará la reacción de la jauría. Lo que estamos intentando señalar es que los actos de violencia del hombre han tenido y tienen repercusiones inmediatas y a largo plazo; entonces la muerte no soluciona el problema, lo empeora porque crea el resentimiento, el odio y la sed de venganza,[98] o dicho en otras palabras, un interminable efecto bumerán.

El otro aspecto a considerar es que el jinete está usando la espuela y el corcel corre con mayor prisa. Después de la segunda guerra mundial, la cantidad de seres humanos muertos

---

[98] Un paradigma de lo que estamos hablando es lo que se conoce como el sentimiento antiamericano que existe no solamente en los países musulmanes, sino en la gran mayoría de los países europeos. Existe una colección de libros que recomendamos altamente; son cuatro volúmenes que desarrollan lo que podemos llamar la teoría general del sentimiento antiamericano. *Vide* O'CONNOR, Brendon, *Anti Americanism: History, causes, themes*, Greenwood Publishing, 2007.

ha alcanzado cifras espeluznantes y en la actualidad la muerte danza al filo del poder y de la venganza. Nunca antes en la historia habíamos sido testigos del incremento de la violencia, no solo a nivel de los Estados o reinos de esta Tierra, sino a nivel de la sociedad civil, donde el jinete ha hecho creer al hombre que matando a otro ser humano se resuelve el asunto, cuando en realidad lo que está haciendo es avivando el fuego de la violencia.

2. Valores invertidos: un celular[99] tiene más valor que la vida

Los valores son principios por los cuales regimos nuestras vidas, y los principios son verdades con valores autónomos. Una de las características es la subjetividad, ya que somos nosotros mismos quienes decidimos a qué principios darles valor y por qué principios orientar nuestras vidas, y esos principios son nuestras verdades, ya sea para bien o para mal.

Efectuando un análisis reposado de la historia de cualquier país de América Latina, observaremos que los principios a los cuales el hombre ha dado realce han sido la deshonestidad, el soborno, la mentira, el latrocinio del erario público, desencadenando una corrupción que ha dado como consecuencia que una abrumadora minoría pisotee los derechos de las grandes mayorías, una desigualdad en la distribución de la riqueza, la explotación inmisericorde del hombre por el hombre, el abuso de los derechos individuales y colectivos del hombre.

La realidad social radica en los valores que sustenta el hombre. Un corazón malo sustenta valores perniciosos, perversos, valores que corrompen y que destruyen la sociedad. La pregunta es obvia: ¿Cómo puede un hombre malo hacer cosas buenas? Es en este momento cuando entra en acción la obra regeneradora del Espíritu Santo, efectuando una transforma-

---

99 Celular: teléfono móvil.

ción extraordinaria en el corazón del humano, cambiando *ipso facto* los valores de muerte por valores de vida. Estamos hablando de honestidad, decir la verdad, hacer justicia, considerar a las demás personas como superiores a uno mismo, amor al prójimo, respeto a las demás personas, en fin, todos aquellos principios que traen como consecuencia la armonía, la paz, el progreso de las naciones.

Por otro lado, es importante considerar que, aunque nada justifica la violencia y el asesinato, las clases desposeídas se cansaron de vivir bajo la humillación a la que han sido sometidas por las clases pudientes, y con este pretexto en mente, muchos se han lanzado a las calles a perpetuar toda suerte de crímenes, robos y fechorías. En la sociedad en la que vivimos se mata por robarle un teléfono celular a un parroquiano. El mensaje dado está suficientemente claro, un aparato de 50 o 60 dólares tiene más valor que la vida humana. Este es el resultado del engaño del jinete del caballo blanco que ha engañado al ser humano y lo ha engañado invirtiendo los valores de este y una vez con los valores invertidos, el jinete del caballo negro puede libremente ejecutar su agenda de muerte y desolación de la raza humana.

Lo primero que se hace es todo un trabajo intelectual y espiritual de inversión de valores, el resto es simplemente una consecuencia. Para injertar los valores de muerte en la mente y el corazón de los hombres, Satanás usa, principalmente, los medios de comunicación, el cine, la educación secular de los centros de enseñanza, *inter alia*. Una vez que se ha efectuado la terapia, la obra del jinete del corcel negro es simplemente capitalizar y esto lo hace a través de los actos de muerte que perpetua. Para lograr su cometido, orquesta actos terroristas, secuestros, robos a mano armada, en otros casos efectúa posesiones demoníacas para provocar la locura de personajes que abren fuego y acaban con la vida de inocentes.

3. La enfermedad por decreto y la enfermedad por pobreza

El jinete de este caballo ha cabalgado por siglos, empero en tanto que el fin de mundo se acerca, el galope resuena con mucha mayor intensidad que en las épocas pretéritas. Este jinete es aquel que trae la muerte, la experiencia que aterroriza al hombre que desea vivir para siempre pero que la muerte le impide disfrutar del privilegio de la vida. La muerte está asociada en muchos casos con la enfermedad y esta puede ser por decreto o puede ser por pobreza.

La enfermedad que provoca la muerte por decreto es aquella que Dios directamente ordena, a esta orden se le llama en la teología *decreto ejecutivo*,[100] es decir, no importa cuánto dinero tenga la persona, no importa la eminencia médica que lo atienda, la persona esta predestinada por Dios para morir, como fue el caso de Ezequías[101] en el Antiguo Testamento que Dios había determinado su deceso, pero después, mediante otro decreto ejecutivo revocó tal decisión. En ese sentido Dios ha dado autoridad al jinete del caballo amarillo para que desate epidemias que arrase con la vida humana, a esto se le conoce en teología como *decreto permisivo*, es decir, un acto ejecutado por el maligno con la autorización de Dios.

La enfermedad por pobreza, que causa la muerte a millones, tiene que ver con las condiciones paupérrimas en las que

---

[100] En la Teología Sistemática, específicamente en el capítulo de la Teología Propia, cuando se estudia a la persona de Dios padre, se estudia el fascinante tema de los decretos divinos. En relación con estos se ha hecho una clasificación: en primer lugar, los *decretos ejecutivos*, que son aquellos que Dios efectúa directamente, como la creación, un juicio, etcétera. Los *decretos permisivos* son aquellos que Dios permite específicamente a Satanás para que este ejecute. Lo que eso significa es que Dios, en virtud de su soberanía tiene control de los actos de Satanás, los cuales permite como con propósito santo, como puede verse en el libro de Job. Finalmente, hemos desarrollado una tesis a la que llamamos *decretos circunstanciales*, que son aquellos donde se conjuga la voluntad de la criatura con la voluntad de Dios. Para una explicación completa sobre este tema, *vide* ZALDÍVAR, Raúl, *Teología Sistemática. desde una perspectiva latinoamericana* (*op. cit.*, págs. 181 y 182, 356 y sigs.).

[101] *Vide* Isaías, capítulo 38.

viven millones de seres humanos, que debido a la miseria y realidad miserable mueren sin que se pueda hacer mayor cosa. El jinete que cabalga en el corcel amarillo representa a la muerte, la última fortaleza de Satanás y que solo puede ser conquistada mediante la fe en Jesucristo. El desarrollo de este apartado se dio en tres puntos. En el primero se afirmó que el imperio de la muerte que detenta Satanás tiene su origen en el odio y la sed de venganza que existe en el corazón del hombre que provoca la muerte: se deja claro que una vez efectuado el acto de quitarle la vida a una persona, se produce *ipso facto* el efecto bumerán que desencadena una cadena, valga la redundancia, de muerte. En segundo lugar, se trató lo relacionado a los valores invertidos, es decir, cómo Satanás ha puesto en la mente del ser humano pensamientos de muerte y destrucción arrojando los pensamientos de vida. Finalmente se trató lo relacionado a la muerte *per se* es decir, la muerte que Dios determina para cada ser humano donde no interviene otro hombre y aquella que es producto de la intervención humana.

Con este capítulo queda clara la tesis de que los caballos de Apocalipsis 6 no son juicios que deban interpretarse ni el pasado ni en el futuro, sino que tienen vigencia actual. Que, si bien es cierto, lejos de ir disminuyendo el galope de los corceles, este aumenta de una forma vertiginosa a medida que el tiempo pasa. La metáfora que usamos —el ruido de los cascos se vuelve cada vez más ensordecedor o los decibelios de los cascos aumentan a medida que pasa el tiempo—, muestra la opinión del autor de que los acontecimientos que simbolizan los caballos del Apocalipsis van *in crescendo*. El planteamiento *sui generis* resalta la conexión que se hace con la realidad socioeconómica del mundo y especialmente con Latinoamérica.

Este capítulo nos sirve de eslabón perfecto para proceder con el tercero, donde se abordara lo relacionado a la actitud de la Iglesia frente a los acontecimientos actuales y futuros.

CAPÍTULO 3

La actitud de la Iglesia frente a los acontecimientos actuales y futuros

La Iglesia es columna y baluarte de la verdad,[102] y en tal sentido debe siempre dar razón de su fe. Esta fue una lección que muy pronto aprendió cuando esta se vio sacudida por las herejías del primer siglo,[103] que obligaron a sus mejores plumas a escribir sendas apologías para contrarrestar el error. En su momento también convocó a cónclaves, a los que llamó 'concilios',[104] para establecer los dogmas pétreos sobre los cuales iba a estar fundamentado el cuerpo de Cristo. Las cosas no han cambiado en nuestra época, todo lo contrario, en la agenda de los jinetes está la destrucción de la Iglesia, y en tal

---

[102] 1 Pedro 3:15.

[103] Entre las herejías del primer siglo se puede citar el ebionismo, montanismo, gnosticismo, *inter alia*. Para mayor información sobre todo lo relacionado a estas herejías. *Vide* GONZÁLEZ, Justo. *Historia del Cristianismo*, Editorial Unilit. págs. 77 y sigs.

[104] Nos referimos a los siete concilios ecuménicos donde se moldeó la dogmática de la Iglesia cristiana.

sentido aceleran su paso y se lanzan con toda vehemencia hacia la destrucción final. El detalle es que la Iglesia es el Cuerpo de Cristo, y Cristo mismo es la cabeza; es así como cobran vigencias las palabras del Señor: «las puertas del infierno no prevalecerán contra ella».[105]

De manera que en este apartado es nuestra intención presentar en detalle lo que se considera debe ser la actitud de la Iglesia.

A. Una actitud de respeto a la Palabra de Dios

Sobre todas las cosas, la actitud de la Iglesia debe ser de respeto a la Palabra de Dios; el problema surge cuando cada quien interpreta la Biblia a su antojo. El problema con la Biblia es que al ser este un libro antiguo, escrito en idiomas que no tienen nada que ver con el nuestro y en contextos realmente sin paralelo con el actual, el asunto se complica. Aquí es donde se requiere el trabajo de exégesis bíblica para que podamos interpretar el texto. El problema se agudiza porque el trabajo de interpretación lo puede hacer cualquier persona con un mínimo de educación, pero no así el trabajo de exégesis, que requiere un entrenamiento de años, donde el exégeta debe también ser erudito en los idiomas originales. En el caso de la literatura apocalíptica se complica aún más el asunto, puesto que esta recurre a un lenguaje meramente simbólico,[106] que tiene su significado, y hacer exégesis, más el lenguaje simbólico para tener una interpretación de un pasaje es realmente difícil, requiere mucha disciplina y un trabajo de mucha responsabilidad.

---

[105] Mateo 16:18.

[106] En la segunda parte de su libro *Hermenéutica Bíblica*´, José María Martínez aborda todo lo relacionado a la hermenéutica especial, que consiste en dar principios y reglas para interpretar los diferentes géneros de la Biblia. Al final de esta segunda parte da una serie de reglas y consideraciones a tomar en cuenta a la hora de bregar con el lenguaje simbólico y la complejidad de un escrito como Apocalipsis. *Vide* MARTÍNEZ, José María, *Hermenéutica Bíblica*, Barcelona (España): ed. CLIE. 1984.

Muchas de las herejías que se dicen 'de púlpito' o se en enseñan en las aulas es porque la persona solo ha hecho un trabajo de interpretación. Hay casos donde hay que ir al meollo del asunto, es necesario hacer exégesis,[107] y hacerlo de tal manera que podamos hacer un interpretación que a fin de cuentas no necesariamente será concluyente, porque en ciencia nadie tiene la última palabra. En este apartado serán objeto de estudio las formas prácticas como nosotros vamos a respetar a las Escrituras.

1. No inventemos el agua caliente: el día y la hora nadie lo sabe

Una de las actitudes más torpes de algunos que se autoproclaman especialistas en escatologías es asegurar una fecha para la parusía del Señor. Esta ha sido una práctica inveterada en la historia reciente de la Iglesia, cuando han surgido iluminados asegurando a pies juntillas el día y la hora, de la cual la Biblia claramente señala que nadie la sabe, y aunque Jesús señaló que ni Él la sabía, solo el Padre que está en los cielos, lo cierto es que Él, como Dios lo ha sabido desde antes de la fundación del mundo:[108] no inventemos el agua caliente.

---

[107] Como se ha señalado anteriormente, el interpretar el texto sagrado, al final cualquier persona lo hace, ya sea aplicando las reglas de interpretación o no. La exégesis bíblica es un procedimiento reservado para un grupo selecto de personas, que además de conocer la ciencia de la hermenéutica, maneja los idiomas originales y un método para efectuar este tipo de trabajo, como decir, el método histórico-crítico o el método inductivo, por mencionar algunos. Al final del trabajo vamos a tener una interpretación, que aunque haya seguido todo un complicado proceso, no necesariamente será una verdad infalible; sin embargo, tendrá más peso que una opinión dada por una persona que no hizo ningún tipo de trabajo. No todas las enseñanzas de la Biblia necesitan de exégesis, pero el libro de Apocalipsis sí, puesto que la literatura apocalíptica tiene características peculiares que requiere de un conocimiento científico.

[108] Este es uno de las pasajes controversiales de la Escritura. ¿Cómo es posible que Jesús no sepa el día ni la hora si Él es Dios? Cuando estudiamos la doctrina de la *kenosis*, en la Teología Propia, nos damos cuenta de qué se despojó Jesús. Y aunque el tema es realmente álgido y complicado, lo único que podemos asegurar ahora es que Jesús se abstuvo de ejercer aquellos atributos que obstaculizaran la misión que Él había venido a realizar en el mundo, es decir, la salvación del hombre. Para mayor información sobre el tema de la *kenosis*, *vide* ZALDÍVAR, Raúl. *Teología Sistemática* (*op. cit.*, pág. 200 y sigs.).

Cuando señalamos que debemos tener una actitud de respeto ante Palabra de Dios, pues, nos referimos literalmente a eso. Si el texto claramente señala que no es de nuestra incumbencia saber el día y la hora, la pregunta lógica es ¿Por qué ser tercos y empecinarnos con las cábalas proféticas?

Una respuesta a estas y otras preguntas relacionadas con este tema es parte de la agenda del jinete del caballo blanco y obedece a un plan perfectamente orquestado por este engendro para hacer caer en descredito la doctrina de la parusía. Para ponerlo en un lenguaje coloquial, es como el cuento del lobo ...ahí *viene el lobo*, y nunca venía, y cuando realmente venía la gente no creyó, y no creyó porque la advertencia había caído en descredito. Tantas veces que se han levantado charlatanes haciendo afirmaciones de esta naturaleza, señalando días precisos y acontecimientos precisos con toda la cobertura mediática posible, al punto que la gente ya no nos cree y simplemente nos tilda de locos. Cuando los profetas de Dios nos paramos ante el mundo a predicar el inminente retorno de nuestro Señor, la gente nos asocia con los fanáticos que han sido instrumento de Satanás, quizás no de una forma consciente, pero que abonaron para que la doctrina de la segunda venida de Cristo entrara en desprestigio, al menos ante el mundo no convertido. Es indiscutible el hecho que esta táctica de descredito obedece a una cuidadosa estrategia bien urdida por Satanás.

A pesar de lo expresado anteriormente, el ser humano sigue teniendo el chip del fin del mundo y lo único que puede hacer el engañador es tratar de bloquear el chip pero al final es una acto desesperado por destruir al hombre. A pesar de lo que Satanás haga y el mismo hombre diga, él sabe que el *fin de todas las cosas se acerca* de lo contrario no le daría la cobertura mediática a las afirmaciones de los iluminados que pretenden inventar el agua caliente.

2. Si el hacha no se afilare, habrá que golpear con mayor fuerza

La metáfora está sugerida por el pasaje de Eclesiastés 10:10 que señala que «Si el hacha no se afilare habrá que golpear con mayor fuerza». Si no estudiamos la Palabra y la manejamos como es debido, pues vamos a dar tumbos de ciego, tan sencillo como eso. Ahora, entendemos que las personas que pregonan herejías escatológicas son personas estudiosas de la Biblia, algunos de ellos con entrenamiento de seminarios o instituciones de prestigio.[109] Claro, uno de los elementos fundamentales para el estudio de la Biblia no es solamente tener el cerebro para ello sino el espíritu, es decir, muchos de los herejes de la Historia han sido personas devotas al estudio de la Palabra, pero que por tener el espíritu influenciado por Satanás han llegado a conclusiones completamente erróneas. Han sido personas verdaderamente sinceras pero han estado sinceramente equivocadas y han provocado daños colosales porque los indoctos han creído las falacias esgrimidas por estos y han llevado a la perdición a muchos. Esto nos lleva a afirmar que para que la metáfora del hacha se aplique debemos tener el corazón correcto, el espíritu de Dios debe reposar en nuestros corazones y salvaguardarnos de lanzar herejías grotescas que deshonren a Dios.

Una vez hecha esta aclaración volvemos al tema del hacha, que es la obligación que tenemos los cristianos y sobre todo los líderes religiosos de estudiar la Palabra, de alcanzar el estadio donde nosotros podamos hacer las exégesis correspondientes para poder interpretar rectamente el texto sagrado. El

---

[109] Es el caso de Hal Lindsey, a quien ya hemos mencionado, quien en su libro *The Late Great Plantet Earth* predice el Armagedón en el año 2000 y la segunda venida de Cristo para el 2007. Ya había predicho lo mismo para 1988. Para tener una lista completa de personajes que a través de la historia han efectuado predicciones acerca del fin del mundo, *vide* «Fechas mentirosas de embusteros creando falsas esperanzas después del año 70», <http://www.jesucristosoberano.com.ar/2008/html/fechas-falsas.html>.

secreto del éxito en esta área será la de poder ver lo estudiado desde tantos ángulos como sea posible. En cualquier deporte, el ver una jugada desde diferentes ángulos nos va a permitir tener un concepto completo de dicha jugada. Cada ángulo nos muestra parte de la verdad, pero no la verdad completa, la unión de todos los ángulos nos mostrará la verdad desde una mejor perspectiva. El estudio del Texto debe hacerse de esta manera y con un espíritu de humildad y respetando las grandes verdades del cristianismo, que son el basamento de nuestra fe.

Cuando se hace este trabajo, bajo los parámetros espirituales que la misma Biblia nos señala, estamos cerrando todos los portillos al error y nos estamos aproximando a conclusiones más o menos exactas. Todo esto no es fácil, requiere una disciplina de años, es un proceso de maduración y un compromiso directo con los libros, pero solo esto asegura que vamos a mantener el hacha afilada y esto es respeto a la Biblia. Esto nos va a salvaguardar de las herejías vulgares que a diario aparecen expuestas por gente sincera, pero sinceramente equivocada.

En esta primera sección, hemos tratado cómo podemos tener una actitud de respeto a la Palabra de Dios y hemos asegurado en primer lugar, que una forma es no ir más allá de donde la misma Biblia nos permite, y en ese contexto se aseguró que es una torpeza por parte del hombre el aseverar fechas en relación con el fin del mundo. En segundo lugar, usando la metáfora de afilar el hacha, se aseveró sobre la importancia de estudiar la Biblia y conocerla para evitar caer en este tipo de herejías, aunque se reconoció que entre los herejes existen personas que han estudiado el texto sagrado. Este hecho nos lleva a un estadio más arriba del conocimiento, y es la espiritualidad y rectitud frente al Señor, que es en definitiva lo que valida nuestro pensamiento.

B. *Una actitud de denuncia al engaño*

La Iglesia, como columna y baluarte de la verdad, debe mantener una conducta de denuncia[110] contra el engaño. La agenda del maligno es engañar «aun a los escogidos», señala el texto sagrado;[111] en ese sentido, debemos mantenernos como el vigía, pendientes y alertas de cualquier subterfugio satánico que pretenda introducirse al seno del cuerpo de Cristo, porque el engaño es un arma letal, destructora y fulminante. El engaño de Satanás a nuestros primeros padres muestra de una forma palmaria la potencia del mismo. El apóstol Pablo, con asombro, exclama: «oh gálatas insensatos, ¿quién os engañó?».[112] La apostasía contra la cual nos previenen las Escrituras en reiteradas ocasiones es producto del engaño; en tal sentido, la Iglesia no puede permitirse licencias de ninguna especie, debe estar cual atalaya, a la cima de la torre vigilando cualquier movimiento del enemigo para alertar, para advertir, para lanzar el grito de guerra.

La Babilonia o confusión que vive este sistema en la actualidad es producto del engaño, de las medias verdades, o de mentiras envueltas en verdades que confunden a propios y extraños. El tema escatológico es uno de los temas favoritos del enemigo para provocar confusión, especialmente cuando se levanta un charlatán afirmando tener una iluminación del cielo, declarando doctrinas que lo único que provocan es confusión,

---

[110] Esta es una de las funciones proféticas más importantes en el ejercicio del ministerio: la denuncia profética, que es el acto mediante el cual un profeta habla al pueblo en nombre de Dios para señalar el error en cualquiera de los ámbitos de la sociedad humana, sea este político, religioso o familiar.

[111] Mateo 24:24. Sabemos que Satanás no puede engañar a un escogido de tal manera que el propósito de Dios con esa persona sea estropeado. Este versículo nos habla del trabajo intenso que Satanás realiza aun con los escogidos en su afán de engañarlos. El mismo texto, al decir «si fuera posible», deja claro que no es posible, por lo tanto debe entenderse en ese contexto.

[112] Gálatas 3:1.

o cuando usa estrategias para aletargar a la Iglesia con mentiras que mantienen a esta distraída de su verdadera misión, claramente descrita en la Biblia.

Defendernos del engaño requiere de nosotros preparación y preparación en el ámbito espiritual, pero también en el ámbito intelectual, y de eso vamos a hablar ahora.

1. Si vamos a defender la fe, no lo vamos a hacer con piedras y palos

Bajo este punto lo que queremos dejar claro es que la Iglesia no debe quedarse callada, debe defender la fe. En el pasado la Iglesia defendió la fe a través de la pluma brillante de sus apologistas, como Tertuliano o Irineo[113] *inter alia*, que se dedicaron a formar criterio y a combatir el error con tenacidad. Cuando las herejías surgieron en el seno de la misma Iglesia y conmovieron sus cimientos, se convocaron los famosos concilios ecuménicos donde se debatió, incluso durante años, las doctrinas que el día de hoy forman parte del fundamento de nuestra fe. Llegar a la construcción de nuestro pensamiento base, es el resultado de muchos años de discusión, de cónclaves, de reyertas ideológicas, amargas discusiones, pero que al final clarificó conceptos, y la Iglesia está clara en el pensamiento base. Lo que nuestros padres hicieron en esos concilios[114] fue de trascendental importancia, no solamente para ellos, sino para la Iglesia de todos los tiempos.

El título de este punto está sugerido por el hecho de que existe todavía un porcentaje enorme del liderazgo evangélico que jamás pasó por las aulas de un seminario o jamás recibió un

---

[113] Vea el pensamiento y obra de estos insignes hombres de Dios en GONZÁLEZ, Justo, *Historia del Cristianismo* (*op. cit.*, pág. 87 y sigs.).

[114] Nos referimos a los concilios que la Historia de la Iglesia conoce como los siete concilios ecuménicos. *Ibid.* pág. 169 y sigs.

entrenamiento académico para servir en el ministerio. Muchas de esas personas tienen una escolaridad bien baja y muchos de ellos han sido recipientes de teologías heréticas, o ellos mismos se han convertido en agentes de contaminación, no por malicia, pero sí por ignorancia.

En nuestra generación, el pastor que era más pobre e ignorante era más santo, y para justificar la ignorancia se recurría a textos bíblicos fuera completamente de contexto. En una de nuestras conferencias compartíamos lo siguiente:

La educación no es una opción, es un deber ineludible, si es que vamos a impactar el mundo en el que vivimos. Pues como reza el adagio, si no invertimos en la educación, probemos la ignorancia. La época aquella en la que los predicadores gritaban a los cuatro vientos, no sin escuchar unos sonoros aleluyas: el 'mucho estudio es fatiga de la carne' ya pasó, es historia. Gracias a Dios, aquellas épocas donde los predicadores justificaban su ignorancia arengando a la congregación con expresiones desafortunadas como «Dios me dará boca y sabiduría y nadie podrá resistir de los que se opongan», y con esto acallábamos la conciencia que nos acusaba por haber llegado al púlpito sin haber preparado el sermón; o expresiones como las que alguien me dijo cuando reclamé la necesidad de un maestro: «porque la unción que recibisteis de Él permanece en vosotros y no tenéis necesidad que nadie os enseñe, así como la unción misma os enseña todas las cosas...»; y lo que es peor, el haber gritado con vehemencia apasionada desde el púlpito: «No sé homilética, no sé hermenéutica, pero una cosa sé: que era ciego y ahora veo». Aún recuerdo los gritos de los feligreses: ¡Amén!. Aunque ha pasado ya más de un cuarto de siglo, aún siento vergüenza. Es como que Ud. visite un hospital y el médico de turno le diga: «no sé como tomar la presión, no sé como inyectar, sin embargo yo voy diagnosticar su enfermedad y recetarle una medicina». Es sencillamente absurdo. Pero como dije, esos tiempos quedaron en el pasado, son parte de nuestra historia...[115]

En la actualidad, si vamos a defender la fe, tenemos que dar la talla, necesitamos estar preparados mucho más que los adversarios de Dios y debemos sobrepasarlos en todo, para que cuando tengamos la oportunidad, estos sean avergonzados por sus mismas mentiras. Ya la historia se encargó de darnos una lección muy importante: cuando menos la Iglesia lo esperaba, Satanás desató su artillería pesada desde Alemania; él había estado formando a sus discípulos en las diferentes universidades y seminarios, y especialmente en la Escuela de Teología de Tubinga, y desde allí salieron con su racionalismo que nos dejo mal parados a todos porque no podíamos interactuar al nivel de ellos. La hipótesis documental de Graf-Wellhausen nos tomó por sorpresa, no sabíamos cómo reaccionar ante la Crítica de Formas y demás planteamientos filosóficos que estos individuos hicieron.[116] El tema escatológico no fue la excepción, se esgrimieron teologías sobre el tema del fin del mundo que a raíz de nuestra ignorancia las quedamos repitiendo como loros sin ningún entendimiento ni análisis. Fuimos receptores de la teologías que nos trajeron las denominaciones europeas y americanas quienes nos impusieron sus minutas ideológicas y nos obligaron a creer una declaración doctrinal[117] con muchos

---

[115] ZALDÍVAR, Raúl, «Bases para hacer educación teológica. Nivel de licenciatura», conferencia dictada en Tegucigalpa en junio de 2010.

[116] Para un mejor conocimiento de la obra de los racionalistas alemanes, *vide* ZALDÍVAR, Raúl, *Crítica Bíblica*, Barcelona (España): ed. CLIE, 1996.

[117] Cuando las grandes denominaciones norteamericanas y europeas llegan a Latinoamérica, no solamente nos trajeron el Evangelio de Jesucristo, sino que también nos trajeron su teología, la cual presentaron como la verdad de Media o de Persia; nos trajeron sus tradiciones, liturgia, prejuicios... solo por mencionar algunas situaciones.

puntos heréticos y cuestionables. Simplemente sucumbimos por nuestra ignorancia, inmadurez o quizás ingenuidad y ni siquiera nos atrevimos a defender la fe, bebimos hondamente en los libros estatutarios de nuestras denominaciones y consideramos a todos aquellos con reflexiones teológicas diferentes a las nuestras como herejes con los cuales no había que relacionarnos o tenerlos de lejos.[118]

Cuánta vigencia tienen las palabras de Scott Garber después de todos estos años: «Si vamos a defender la fe, tenemos que dar la talla, si no el oscurantismo privado es mejor que la necesidad pública»,[119] Lo insólito es que todavía un sector importante de la Iglesia permanece en el oscurantismo privado y un sector más pequeño en la necesidad pública. Este es el momento de salir de ambos extremos y ubicarnos como verdaderos apologetas de Dios; debemos pararnos ante el error y la herejía y combatirla con una erudición mayor que la que ellos presentan, utilizando toda la ciencia humana para desnudar la desfachatez de la mentira y en el tema que nos ocupa, de

---

Lo inconcebible es que después de más de cien años, las cosas no han cambiado. Lo mismo ha ocurrido con la Iglesia Hispana de los Estados Unidos: los feligreses han tenido que aceptar y repetir los postulados teológicos de las denominaciones o concilios. Para lograr su objetivo, manipulan a las masas creando el orgullo denominacional, volviendo a sus feligreses en fanáticos religiosos, pero no en seguidores de Cristo. La manipulación la han logrado *bona fide*, aprovechándose de la ignorancia de las masas que están muchas veces más interesadas en ganar dinero que en pensar sobre estos temas.

Este comentario no debe considerarse como un comentario anti denominacional. Un gran segmento de la Iglesia del Señor somos parte de una Iglesia denominacional que se diferencia de otra. Lo que sí estamos aseverando, es el hecho de que nuestras denominaciones no nos han dado el derecho a pensar diferente, y, sobre todo, el hecho que nos han impuesto doctrinas periféricas, como si estas fueran cardinales, y han usado la manipulación para lograr esto. El objetivo de este comentario no es molestar a nadie, empero sí el hacer que nuestros dirigentes *pongan las barbas en remojo* y den más apertura a sus feligreses. Una familia cuyo padre gobierna su casa bajo métodos autoritarios y *ad baculum* la termina perdiendo o adquiriendo una falsa lealtad de sus miembros.

[118] Este lavado de cerebro produjo el sectarismo denominacional, es decir, el considerarnos los únicos y fieles seguidores de un personaje histórico que vivió siglos atrás y que inició el movimiento al que pertenecemos, y considerar a los otros miembros del Cuerpo de Cristo como personas erradas, aunque sean cristianos nacidos de nuevo.

[119] Prólogo de Scott Garber en el libro de *Crítica bíblica* (*op. cit.*).

todas aquellas teorías escatológicas que han rebasado el límite de la Palabra de Dios y han entrado en el campo de la ciencia ficción, engañando indoctos o que nos han presentado especulaciones teológicas como si estas fueran la ley de Media o de Persia. Es el momento de pararnos y defender la fe.

2. Los doctores de la Iglesia. Es nuestro trabajo

En tal sentido, un sector de la Iglesia debe prepararse al máximo nivel científico y filosófico para que cuando las circunstancias lo requieran puedan sacar la cara por la Iglesia y defender la fe con pasión, pero también defenderla con ciencia. El paradigma por excelencia de este punto es el ministerio apostólico de Pablo, quien no solamente plantó iglesias, formó discípulos, sino que defendió la fe cuando esta fue atacada e increpó a las iglesias cuando estas fueron engañadas. Uno de los ejemplos clásicos de esto es el de los tesalonicenses, que lo hemos venido repitiendo a lo largo de todo este trabajo, que habían sido engañados en lo relacionado a la segunda venida del Señor y del fin del mundo: Pablo tiene que escribir y mostrarles la verdad de la Palabra de Dios; y lo mismo ocurrió con los colosenses: cuando estos incurrieron en herejías de ascetismo y adoración a ángeles, Pablo escribió una soberbia carta que desbarató el error en un santiamén; luego, el caso de los Gálatas es representativo: cuando estos habían apostatado, Pablo los increpa y les dice: «Oh Gálatas insensatos, ¿quién os engañó…».[120] Esta fue una reprensión muy severa de Pablo, pero las circunstancias la requerían.

Pablo era un doctor de la Iglesia, como él mismo aseveraba: «soy tosco en la palabra pero no en el conocimiento…».[121] Este hombre se había preparado durante muchos años para poder ejercer un apostolado en toda la dimensión de la palabra, y

---

[120] Gálatas 3:1
[121] 2 Corintios 11:6

parte de ese ministerio era corregir los errores o herejías que el jinete del corcel blanco lanza con mucha frecuencia para causar caos y anarquía en medio del pueblo de Dios. De manera que es correcta la conducta de la Iglesia, el convocar a sus maestros para que defiendan la fe y enseñen a la Iglesia la sana doctrina. Es por eso que es de capital importancia que la Iglesia tenga seminarios y centros de enseñanza del más alto nivel. Es vital que haya una partida presupuestaria sustancial de la Iglesia para mantener toda la infraestructura académica. Imagínese lo que ocurriría si la iglesia no tuviera científicos de la Palabra, hombres y mujeres estudiosos que salvaguardan el mensaje de Dios de todas las mentiras que a diario son lanzadas por el padre de mentira.

En este apartado se ha tratado lo referente a la actitud de denuncia contra el engaño que debe tener la Iglesia del Señor. En primer lugar, se dejó claro que debemos estar preparados al más alto nivel para no quedar mudos antes los ataques de la artillería heterodoxa de Satanás, sino responder y hacer ver la futilidad de su argumentación embustera y tendenciosa. En segundo lugar se habló de la importancia de que existan en la Iglesia doctores que defiendan la fe y que den la cara por el resto del Cuerpo de Cristo.

C. Una actitud de enfocarse en lo importante y no en lo secundario

A esta altura de la película es completamente absurdo que permitamos que las diferencias de orden doctrinal nos dividan. En el principio de mi vida cristiana se nos enseñó que todos aquellos que no pensaban como nosotros no eran cristianos, no importaba si pertenecían a otra iglesia evangélica. Bueno, esa era una época nefasta y oscurantista, y es ya historia o debe serlo. No se concibe a la Iglesia del siglo XXI jactándose de su doctrina y ufanándose de ser dueña de la verdad, cuando existe gran cantidad de doctrinas en la Biblia que nadie sabe y que son cuestionables y debatibles.

La madurez debe llevarnos a una actitud de enfocarse en lo más importante y hacer a un lado lo secundario. En relación con los temas del Apocalipsis, lo más importante es que Jesucristo viene por segunda vez a la Tierra, en realidad no importa si viene en un evento o en dos eventos.[122] Esto no es trascendental para la vida cristiana. Otro de los temas que no tiene ninguna relevancia para salvación del ser humano es el afirmar o negar que existe un gobierno literal de Jesucristo por mil años en la Tierra[123] o el hecho que se existen varios juicios, *verbi gracia*, el juicio del trono de gloria de Mateo 25 es diferente al juicio del trono blanco de Apocalipsis 20. En realidad lo que importa saber es que un día Dios va a juzgar a vivos y muertos y que unos irán con Él y los otros irán al infierno. Punto. Si juzga a unos en un tiempo o juzga a otros en otro tiempo, no tiene nada que ver. Con lo anterior no quiero decir que es malo que la Iglesia adopte dogmas que nosotros llamamos periféricos. Tenemos derecho a pensar de la manera como consideramos que el Espíritu Santo nos ilumina. Lo que no tenemos derecho es a usar nuestras diferencias para desviar nuestra atención de lo importante y de la misión que Dios nos ha encomendado.

En ese sentido se abordará bajo este apartado tres aspectos importantes. El primero tiene que ver con la afirmación de

---

[122] La tesis premilenarista habla de la parusía de Cristo en dos eventos *contrario sensu* y los amilenaristas hablan de la parusía en un solo evento. La dicotomía está explicada en ZALDÍVAR, Raúl, *Teología Sistemática* (*op. cit.* págs. 467-469).

[123] La tesis premilenarista sostiene que cuando ocurra la *parusía* del Señor, se llevará a cabo el juicio del trono de gloria, y acto seguido comienza el gobierno literal del mesías por espacio de un mil años. *Contrario sensu*, los amilenaristas sostienen que al darse la parusía ocurre el juicio final y comienza la eternidad (*ibid.* pág. 470-471).

que en el tema escatológico no hay expertos; segundo, que la Teología Dispensacionalista, muy popular entre los cristianos, tiene sus bemoles y sostenidos; y, finalmente, y lo más importante, que las doctrinas centrales no admiten ninguna duda.

1. ¿Experto en escatología? Hágame el favor... (*Give me a break*)[124]

Al efectuar una dicotomía entre doctrinas pétreas y periféricas y darnos cuenta de que las periféricas son las que más abundan, y que las mismas, como puede que sean ciertas puede que no lo sean, entonces esto nos lleva a un único corolario: no se puede llegar a ser expertos de algo que no podemos afirmarlo o negarlo. La escatología es una de las ramas más fascinantes de la Teología Sistemática, pero un gran porcentaje de la misma está construida sobre las arenas movedizas de la especulación. No es correcto, no es lógico afirmar a pies juntillas cómo van a ocurrir los eventos apocalípticos. Yo lo hice en mi época de juventud. Tenía en mi menú de sermones una nutrida variedad de mensajes escatológicos con los cuales dejé alucinados a miles de personas que asistían a nuestras cruzadas evangelizadoras o nos escuchaban por la radio. Es normal que después de estudiar en profundidad la artillera pesada de la escuela de Dallas y escuchar a los predicadores más famosos del momento explicando el tema apocalíptico desde el mismo ángulo, pues era lógico que sucumbiera a dicho razonamiento teológico, que sin lugar a dudas es lógico: su argumentación está concatenada de forma espectacular y es difícil pensar lo contrario. Cuando explicaba el tema de las setenta semanas

---

[124] Cuando se trabajaba en la heurística de esta investigación, este apartado se concibió con esta expresión del idioma inglés que posteriormente fue traducida al castellano como 'hágame el favor' que, aunque no encierra toda la potencia de la expresión inglesa, nos da a entender la idea que se quiere transmitir. Se dejó dicha expresión para que aquellas personas bilingües comprendan en toda su dimensión el sarcasmo '¿Experto en escatología?'.

de Daniel y la relación de este libro con el Apocalipsis y algunos pasajes de Zacarías, yo pensé que era un erudito en escatología. Mis alumnos quedaban asombrados y estupefactos ante cómo les enseñaba —sin auxiliarme de ningún papel— las sendas doctrinas de la escatología, y les hacía matemáticas que demostraban palmariamente la teología expuesta.

El problema para mí fue cuando di el salto cualitativo entre el dominio de la teología científica y la teología filosófica. Cuando comienzo a observar las lagunas científicas de mi postura teológica y la imposibilidad de una respuesta lógica es cuando se derrumba la convicción de que era un experto en escatología y que había una serie de hechos a los cuales había que inventar una respuesta, puesto que en la Biblia no había ningún indicio de respuesta lógica. A partir de ese momento tengo que bajar la cabeza, sacar de mi repertorio los sermones escatológicos que se centraban en doctrinas periféricas, y la próxima vez que di una clase ya no dije «esto es así». Enseñé que había diferentes posturas y di libertad a mis estudiantes, la libertad de pensar como ellos creyeran que el Espíritu de Dios les estaba guiando. El salto cualitativo que di en mi vida fue clave para que Dios mostrara mi ignorancia sobre el tema, de manera que ¿qué experto en escatología? Hágame el favor... Oh, profundidad de las riquezas de Dios...

2. La Teología Darvista: ni la afirmo ni la niego, sino todo lo contrario

John Nelson Darby[125] (1800-1882) fue un teólogo angloirlandés que organizó un grupo al que pronto se le llamó los Herma-

---

[125] Autores como Peter Lorie sostienen que el origen del dispensacionalismo data del siglo XV, con una mujer de origen escocés, Margaret MacDonald, quien era miembro de la Iglesia católica. Ella tuvo una visión de la parusía, que publicó en un libro que se conoce como *Memoirs of James and George McDonald*. *Vide* LORIE, Peter, *World's End: 2009*. New York: Jeremy Tarcher, 2004; pág. 16.

nos de Plymouth. Sus predicaciones y enseñanzas tenían un alto contenido escatológico, razón por la cual se le conoce como el padre del dispensacionalismo moderno. Debido a sus múltiples viajes a los Estados Unidos, su doctrina fue ampliamente propagada, especialmente en medio de aquellos grupos a los que se denominó *fundamentalistas*. Entre las personalidades de aquella época que bebieron hondamente de esta teología está D. L. Moody, de Chicago,[126] quien a su vez fue el padre espiritual de C. I. Scofield, abogado y teólogo que comentó la Biblia[127] desde una perspectiva eminentemente dispensacionalista-premilenarista. Este a su vez fue el padre espiritual del celebérrimo Lewis S. Chafer, quien fue el fundador del Seminario Teológico de Dallas en el año de 1924.

A continuación expondremos los presupuestos ideológicos más importantes del dispensacionalismo,[128] que, como hemos afirmado anteriormente, es una de las teologías más populares dentro de la Iglesia actual.

Interpretación literal de las Escrituras

Los dispensacionalistas[129] (a diferencia de los premilenaristas)[130] insisten siempre en una interpretación exactamente literal de las

---

[126] En el año de 1886 se fundó lo que hoy se conoce como el Moody Bible Institute. Este fue uno de los primeros centros educativos de los Estados Unidos en expandir la Teología Darvista.

[127] Esta Biblia fue publicada por primera vez en el año de 1909. Fue sujeta a varias revisiones posteriores hasta convertirse en la Biblia que es ahora. Se estima que no existe una Biblia comentada que exponga mejor la Teología Dispensacionalista que la Biblia de Scofield.

[128] Es Lewis Chafer uno de los apologistas más vehementes de esta teoría; dedica gran cantidad de espacio a lo largo de su Teología Sistemática para probar los presupuestos teológicos de este pensamiento.

[129] Se recomienda ver el comentario que efectúan de LORIE, Peter. *World's End: 2009* (*op. cit.* pág. 15 y sigs.).

[130] Aunque a menudo se confunde con el premilenarismo histórico, la mayor parte de sus doctrinas peculiares no se encuentran en el premilenarismo histórico. Todos los dispensacionalistas son premilenaristas, pero no todos los premilenaristas son dispensacionalistas.

Escrituras. Acusan de «espiritualistas» y de «alegorizadores» a los que no interpretan la Biblia con el mismo grado de literalidad que ellos. En relación con esto, insisten en un cumplimiento literal e incondicional de todas las promesas proféticas. Por esto, en esta interpretación, las promesas del Antiguo Testamento a Israel deben considerarse como promesas terrenales hechas a un pueblo terrenal, que deben cumplirse en la Tierra. Se dice que el templo de Ezequiel 40-48 es un templo terrenal que se levantará en el Milenio. La «nueva Jerusalén» de Apocalipsis 21 será la ciudad de Jerusalén que conocemos ahora, y que será la morada eterna de los santos que continúen en la Tierra.

Divorcio entre Israel y la Iglesia[131]

Como todas las profecías del Antiguo Testamento deben interpretarse literalmente, el dispensacionalismo se niega a admitir cualquier relación entre el Israel del Antiguo Testamento y la Iglesia del Nuevo Testamento. De hecho, se dice que no hay en el Antiguo Testamento ni una sola profecía referente a la Iglesia. Se dice que la Iglesia del Nuevo Testamento es un paréntesis misterioso desconocido para los profetas del Antiguo Testamento. Las profecías del Antiguo Testamento se hicieron a Israel la nación terrenal, y deben cumplirse literalmente en Israel, la nación terrenal.[132]

---

[131] En el segundo tomo de la versión en castellano de Lewis Chafer, él desarrolla una dicotomía entre Israel y la Iglesia, dejando claro que uno no tiene que ver con la otra. *Vide* CHAFER, Lewis Sperry, *Teología Sistemática*, Milwaukee (Wisconsin, USA), Publicaciones Españolas Inc., 1986; tomo II.

[132] Tim LaHaye sostiene que los puntos claves para entender la profecía son: 1) interpretar literalmente la Biblia, a menos que el contexto nos diga lo contrario, y 2) entender que Israel y la Iglesia son dos cosas diferentes. *Vide* LaHaye, Tim, *The Rapture*, USA., Harvest House Publishers, 2002; págs. 231 y 232. La primera premisa de LaHaye es correcta, nadie va a discutir eso. La segunda premisa es el problema, y la razón es bien sencilla: es producto de una interpretación humana. Por eso existe un sector importante de la Iglesia que no mira ninguna diferencia entre Israel y la Iglesia. Al hacer tal aseveración LaHaye, pues simplemente allana el camino para la Teología Dispensacionalista que según él es la única que interpreta correctamente el texto sagrado. En

LAS SIETE DISPENSACIONES[133]

El dispensacionalismo enseña que la historia de Dios en su trato con el hombre es la historia de siete dispensaciones diferentes. En cada una de ellas Dios coloca al hombre bajo responsabilidades diferentes, y en cada dispensación Dios trata al hombre de modo diferente. La dispensación más larga en la Biblia se dice que es la de la ley (que se dice que abarca desde la entrega de la ley en el Monte Sinaí hasta casi todo el ministerio público de Cristo). Se nos dice que ahora estamos en la dispensación de gracia. Y esta se prolongará hasta la dispensación final del Reino (el Milenio).

EL REINO TERRENAL

El dispensacionalismo señala que el Reino de Jesús ofrecido a los judíos no fue un reino espiritual, sino la restauración terrenal del reino de David del Antiguo Testamento. Cuando los judíos rechazaron a su rey, Jesús retrasó la venida de su Reino terrenal hasta el Milenio. Y, como un «gran paréntesis»[134] estableció la Iglesia. La Iglesia, dice el dispensacionalista, no tiene nada que ver con el Reino. No se puede hablar en ningún sentido del Reino como presente ahora. Es un evento exclusivamente futuro. De manera que algunos eruditos del dispen-

---

este mismo libro, en la página 157, sostiene que los puntos de vista de Darby están basados en las Escrituras. Ésta aseveración no está en tela de juicio, lo que sí está en tela de juicio es que la conclusión sea correcta.

[133] La teoría de las dispensaciones fue abordada en el pasado por muchos teólogos, sin embargo fue C. I. Scofield quien la *pulió* y la popularizó en su célebre Biblia comentada, la cual se recomienda ver en lo relacionado con el tema de las dispensaciones.

[134] La terminología en castellano que se usa en la obra de Chafer es 'edad intercalada', además de 'paréntesis'. La Iglesia es un paréntesis entre el período de la ley de Moisés y el gobierno literal de Jesucristo. Como es obvio, es algo que no aparece en el Antiguo Testamento y, tal como lo presenta Chafer, es un decisión que toma Dios en el momento que los judíos rechazan a Jesús. Desde la perspectiva del libro de Daniel, es un paréntesis entre la semana 69 y la semana 70. Y lo es porque, según esta teología, la semana 70 es el fin y la semana 69 ya se ha cumplido, de manera que fue necesario crear una ficción teológica, para darle lógica a esta teología.

sacionalismo señala que la oración de Jesús «venga tu Reino» no ha sido cumplida, pero lo será el día que Jesucristo instaure su Reino milenario sobre la Tierra.

LA GRAN TRIBULACIÓN Y EL RAPTO

El dispensacionalismo sostiene que antes de la gran tribulación, justo en los últimos días, la Iglesia será secretamente arrebatada a lo alto para encontrarse con Jesús. Después de esto un remanente judío ocupará el lugar de la iglesia como instrumento de Dios en la Tierra para la conversión de Israel y de las naciones.

Lo anteriormente expresado son, *grosso modo*, los puntos más importantes del dispensacionalismo, que si bien es cierto que es una teología bien estructurada, pues sigue todos los cánones de la lógica aristotélica, es una teología que tiene lagunas muy importantes que impiden que la adoptemos como una doctrina cardinal del cristianismo. Uno de los tantos puntos inexplicables de esta teología es el hecho de que ellos afirman que al Milenio entrarán todas aquellas personas que comparecen al juicio del trono de gloria de Mateo 25. En este juicio a unos se les llama 'ovejas', que son los que entran al Milenio, y a otros se les llama 'cabras', que son las personas condenadas. Inmediatamente después de este juicio comienza la séptima dispensación, es decir, la dispensación del Reino, conocida en el Apocalipsis como 'el Milenio'. Durante este período de tiempo Satanás es atado y Jesucristo gobierna, con su esposa la Iglesia, a su pueblo, que son todas aquellas personas que Mateo 25 llama ovejas. Los dispensacionalistas aseguran que al final del Milenio Dios le devolverá el poder a Satanás y este engañará a algunas de las ovejas del Milenio, quienes se unirán al diablo para hacerle la guerra final o de Armagedón a Jesucristo. La pregunta filosófica y teológica es ¿cómo es posible que Satanás engañe a gente que ya pasó por un juicio y se le llama oveja y digna de entrar al Milenio? En derecho hay un principio jurídico *non bis in idem* que significa que una persona no puede ser juzgado dos veces por el mismo delito. Si la persona ya pasó por un juicio y fue absuelta y goza de un bienestar, ¿cómo se explica que esta persona vuelva cometer el mismo delito y sea otra vez juzgada? En Derecho a este tipo de invenciones se les llama 'ficción legal', de manera que *mutatis mutandis* le llamamos en el campo de la teología 'ficción teológica'. Es importante dejar claro que, dependiendo de la situación, pueden existir casos en los cuales sea válido efectuar una ficción. En el caso que nos ocupa, no podemos afirmarlo ni tampoco negarlo, nos es menester dejar esto en un limbo. Lo que sí se puede afirmar en relación con esta ficción teológica es que no existe base bíblica para esgrimir dicho dogma.

Otra de las lagunas de esta postura es que afirma que al final del Milenio y del juicio del trono blanco, Dios destruirá este sistema interplanetario, pues como señala el escritor Vander Lught en su libro *There is a new day coming* (*Un nuevo día se acerca*) tendrá que haber un segundo arrebatamiento para que los salvos no sean destruidos en ese juicio de destrucción de la Tierra y, como es obvio, la Biblia no señala nada al respecto.

Para terminar, la ficción teológica del paréntesis, a la que ya nos hemos referido, específicamente en lo que se refiere a la semana 69 y 70 de Daniel. La dogmática señala que la semana 70 es el fin de todo. La venida de Cristo es la semana 69, por lo tanto el fin de este sistema debió haber ocurrido en la época de Cristo. La ficción se construye a partir del momento en que se afirma que ante la imposibilidad de Jesús de fundar su Reino por el rechazo expreso de su pueblo, Dios se ve en la necesidad de crear un paréntesis o edad intercalada entre la semana 69 y 70. En esta teología se habla de semanas hebdómadas o de siete años, de manera que la semana 70 será la semana de siete años que corresponderá con la tribulación, que será un evento concomitante con las bodas del Cordero. El final de esta semana está marcada por el juicio del gran trono de gloria de Mateo 25 y el comienzo del Reino, el sistema que Jesucristo vino a instaurar en su primera venida, pero que no pudo hacerlo porque fue rechazado por su propio pueblo.

Es indiscutible la erudición de Chafer y el espectacular uso que hace de la lógica aristotélica, argumentando de una forma brillante una tesis, que sin lugar a dudas es creíble. Es realmente loable su esfuerzo en tratar de probar el punto de vista: la manipulación que hace del texto sagrado es digna de un doctor de la Iglesia; sin embargo, a pesar de todo lo expresado anteriormente, lo único que podemos decir es: ni lo afirmo ni lo niego... Puede ser que sí o puede ser que no... No podemos dejarnos deslumbrar por su sabiduría y habilidad, solamente respetar y reconocer su valioso esfuerzo.

3. Las doctrinas escatológicas centrales no admiten ninguna duda

La buena noticia es que encontramos en la Biblia doctrinas cardinales en el ámbito de la escatología que no admiten ninguna duda:

CRISTO VIENE POR SEGUNDA VEZ A LA TIERRA

Esta es una verdad indubitada que no está en el tapete de la discusión. No hay ningún ápice de duda en las Escrituras sobre esta verdad bíblica. Tres veces en el último capítulo de Apocalipsis, Juan sentencia con claridad meridiana la veracidad de esta enseñanza.

HAY UN DÍA DE JUICIO PARA EL HOMBRE

De esta realidad nadie se escapa. Todos los seres humanos, grandes o pequeños, compareceremos ante Dios para ser juzgados, unos para una recompensa y otros para una represión, o, si vamos a usar la jerga bíblica, unos para ir con el Señor y otros para ir al infierno. Esta verdad no admite duda y no está ni puede estar en el tapete de la discusión.

DESTRUCCIÓN DE ESTE SISTEMA ESPIRITUAL LLAMADO 'COSMOS SATÁNICO'

Esto no está tampoco en el tapete de la discusión, Dios quitará de la escena a Satanás, a quien enviará al lago que arde con fuego y azufre, no sin antes destruir el sistema interplanetario en el que vivimos.

RESURRECCIÓN

Otra de las doctrinas cardinales de la escatología es el tema de la resurrección. Todas aquellas personas que hayan muerto antes del juicio resucitarán para comparecer ante el gran trono de Dios, se llame de gloria o se llama blanco —en realidad no importa el nombre—, y ser juzgados según sean sus obras.[135]

La actitud de la Iglesia debe centrarse en estas doctrinas, son las doctrinas pétreas o cardinales sobre las cuales está fundamentado el cristianismo. Esta es una teología que no requiere un mayor esfuerzo de parte nuestra o una exégesis profunda, sino que son doctrinas que requieren una alta dosis de fe y son tan sencillas que cualquier persona podría explicarlas sin mayor problema, además somos llamados por parte de Dios a proclamarlas al mundo sin temor, con denuedo, con responsabilidad. El corolario de toda

---

[135] Estos temas son ampliamente abordados en los manuales de Teología Sistemática, *inter alia*, BERKHOF, L., *Teología Sistemática*, Grand Rapids (Michigan, USA): ed. T. E. L. L., 1983; 6.ª ed.; CHAFER, L. S. *Teología Sistemática*, Milwaukee, (Wisconsin, USA): Publicaciones Españolas Inc., 1986; 4.ª ed., tomos I y II; ZALDÍVAR, Raúl, *Teología Sistemática desde una perspectiva Latinoamericana*, Barcelona (España): ed. CLIE, 2006; LACY, G. H., *Introducción a la Teología Sistemática*, El Paso (Texas, USA): ed. Casa Bautista de Publicaciones, 1986; 5.ª ed.; PURKISER, W. T. y otros, *Explorando nuestra fe cristiana*, Kansas City (Misuri, USA): ed. Casa Nazarena de Publicaciones, 1988, 2.ª ed.; RYRIE, Charles C., *A Survey of Bible Doctrine*, Chicago (USA): ed. Moody Press, 1981, 15.ª ed.; WILEY, Orton H., *Christian Theology*, Kansas City (Misuri, USA): ed. Beacon Hill Press, 1969; 13.ª ed.; *inter alia*.

esta explicación es que debemos enfocarnos en lo importante, no en aquellas doctrinas que pueden ser o no, debemos enfocarnos en el centro no en la periferia, debemos enfocarnos en el centro del sistema solar, no en lo que gira alrededor de él.[136]

---

[136] Es importante clarificar que la Biblia es la fuente de las doctrinas periféricas, las cuales, intencionadamente no han sido tratadas en este trabajo de investigación. Entre esas doctrinas se puede mencionar el Anticristo, que es un personaje que aparece en Apocalipsis 13 donde se le llama «la bestia». Antes de Juan, ya Pablo había hablado de este personaje en 2 Tesalonicenses 2:3 donde se le llama «hombre de pecado o de maldad». El problema con la doctrina del Anticristo es que un sector lo mira como un personaje en el pasado y otros en el futuro, y algunos otros como un sistema actual. Para mayor información sobre este tema. *vide* ALMEIDA, Abram de, *Israel, Gog y el Anticristo*, Miami (Florida, USA): ed. Vida, 1989;7.ª ed.; HUNT, Dave, *Global Peace & the Rise of Antichrist*, Eugene (Oregón, USA), ed. Harvest House Publishers, 1990. Otros de los temas periféricos de Apocalipsis es las Babilonias. En Apocalipsis, capítulos 17 y 18, se nos habla de dos Babilonias diferentes, la una es religiosa y la otra es política. A la primera se llama la madre de todas las prostitutas, y a la otra aquella con la cual las naciones han efectuado transacciones comerciales, entre otras cosas. Para mayor información, *vide* LINDSAY, Gordon, *The Two Babylons*, Dallas (Texas, USA), ed. Christ for the Nations, 1988; Revelations Series, vol. 13. El tema de los 144 000, que encontramos en Apocalipsis 7 y 14, es un tema altamente controvertido. Lo es porque señala a 12 000 personas por cada tribu excluyendo a los 12 000 de la tribu de Dan. Este hecho activa el chip y comenzamos a especular sobre el tema. Una de las teorías más fantásticas sobre los 12 000 de Dan es que el Anticristo desciende de la tribu de Dan, e identifican a los miembros de esta tribu con la marca de Dan que es Dinamarca. En otras palabras que el Anticristo será un descendiente de Dan, es decir, un oriundo de Dinamarca. Sobre el tema de los 144 000, *vide* PENTECOST, Dwight J., *Eventos del Porvenir*, Miami (Florida, USA), ed. Vida, 1985. Otro de los temas candentes es el que se relaciona con los dos testigos que encontramos en Apocalipsis 11. Sobre este tema se ha asegurado que los dos testigos son Elías y Enoc que harán acto de presencia en la escena humana en virtud de ser las únicas personas que no pasaron por el trance de la muerte, como muy bien registran las Escrituras. La tribulación es uno de los temas de mayor prestigio y popularidad dentro de la escatología bíblica. Este acontecimiento es tenido por algunas Iglesias como una doctrina cardinal, es decir, no conciben el cristianismo sin el arrebatamiento. A pesar de la argumentación sobre este tema, sigue siendo una doctrina periférica del cristianismo y, por lo tanto, no afecta la esencia misma de nuestra fe. Los textos fundamentales de esta doctrina se encuentran en Apocalipsis 7:9 y sigs. También Pablo trató este tema en 1 Tesalonicenses 4:13 y sigs. Sobre este tema, *vide* SWAGGART, Jimmy. *¿Tendrá que pasar la Iglesia por la gran tribulación?* Baton Rouge (Lousiana, USA), ed. Jimmy Swaggart Ministries, 1982. El Milenio o el Reino de Dios es otro de los temas que levanta polvo en la escatología. La tesis de Chafer es que el Reino de Dios no existe en la actualidad. Cristo vino a establecerlo, pero el rechazo de los judíos evitó su establecimiento, de manera que esto dio lugar al paréntesis de la Iglesia. Al final de la tribulación, Jesús establecerá su Reino, al cual Apocalipsis 20 llama «mil años» o «Milenio». Otro sector del cristianismo sostiene que el Reino de Dios es actual y que siempre ha existido. Para mayor información sobre este tema, *vide* BEST, W. E., *Christ's Kingdom is Future*, Houston (Texas, USA), ed. W. E. Best Book Missionary Trust, 1992; vol. I a III. Existe otra serie de doctrinas periféricas, pero las que aquí se mencionan son más que suficientes para dejar establecido el tema.

La exposición efectuada en este apartado deja claro dónde debemos enfocarnos como miembros de la Iglesia del Señor. En primer lugar, se deja claro que no puede haber expertos en un tema donde gran parte del mismo se fundamenta en las arenas movedizas de la especulación y el razonamiento humano. En segundo lugar, se hace una exposición y crítica a la vez de la teología darbista, que patrocina el pensamiento premilenarista-dispensacionalista, dejando claro que aunque es una de las posturas más populares dentro de la Iglesia, no es la ley de Media o Persia. Es un pensamiento humano sujeto a error. Finalmente, se aborda el tema de cuáles son las doctrinas escatológicas sobre las cuales debemos centrarnos, dejando claro que sobre estas doctrinas debe girar nuestro pensamiento escatológico.

D. Una actitud de compromiso con el Reino de Dios

No es posible que cualquier Perico de los Palotes se ponga a hablar o discurrir sobre escatología. Ha sido una práctica inveterada desafortunada, en muchos casos, que personas sin compromiso con el Reino de Dios se dediquen a discurrir sobre este tipo de temas. Es necesario tener un compromiso con el Reino de Dios como condición *sine quae non* para tener la competencia de abordar los temas teológicos. Ahora, el compromiso con el Reino de Dios no es solamente tener una membresía en una iglesia, o haber ido al seminario: es tener una actitud de respeto ante la Palabra de Dios; esto significa estar en completa sumisión ante la majestad de la Palabra de Dios. Luego tenemos que estar prestos a defender nuestra fe, es decir, a ejercer nuestro ministerio profético de denuncia. En tercer lugar, es de capital importancia tener un espíritu de discernimiento para poder diferenciar lo central de lo periférico. Y, finalmente, compromiso con el Reino de Dios, que se resume en vivir una vida de santidad, que es en definitiva nuestra prueba de compromiso con el Reino de Dios y lo que nos da la autoridad para cumplir con este ministerio encargado directamente por Dios.

Bajo este apartado, serán objeto de estudio dos aspectos muy importantes: primero, la vida de santidad, y, segundo, se explicará cómo se aplica la metáfora del chaleco a prueba de balas a la vida de santidad.

1. La vida de santidad,[137] señores

El meollo de todo el asunto es vivir de la manera como Dios quiere que nosotros vivamos. El tema de la teología y las diferentes posturas y el debate que esto genera puede llegar a ser desgastante y la vez frustrante. Debemos tener claro todo lo que se ha expuesto hasta aquí sobre la importancia del conocimiento, de la defensa de nuestra fe, pero todo esto se vuelve «metal que resuena y címbalo que retiñe» si no estamos viviendo una vida de santidad. Porque se puede poseer una erudición que deje pasmados a propios y extraños pero, si sigo siendo esclavo del pecado, soy metal que resuena y címbalo que retiñe; si defiendo la fe y ridiculizo a mis oponentes y los reduzco al absurdo pero no vivo la vida de un discípulo de Cristo, soy metal que resuena y címbalo que retiñe. ¿Entonces qué es lo que estoy tratando de decir? Que a diferencia de cualquier otra rama del saber, profesión o ciencia, aquí mi discurso debe estar respaldado por una auténtica vida de santidad, y cuando se habla de santidad no nos referimos a una vida inmaculada, pero sí me refiero a una vida donde Jesucristo y sus enseñanzas sea el centro del universo,

---

[137] Sobre el tema de la santidad y cómo esta debe ser interpretada, es muy útil leer ZALDÍVAR, Raúl. *Doctrina de santidad*, Barcelona (España), ed. CLIE, 2001.

porque en la Iglesia, si mi discurso no va respaldado por mi vida, soy metal que resuena y címbalo que retiñe y todo lo que diga, aunque sea cierto y válido se convierte en un lúgubre bla, bla. Es por eso que es un imperativo categórico el tener un preparación espiritual y una vida que respalde nuestro discurso, porque, como reza el adagio, «si las palabras convencen, los hechos arrastran». Aquí estribó el éxito de Pablo, no en su brillante argumentación, no en el dominio de una amplísima cultura, no en el hecho de ser un políglota, sino en el hecho de ser un hombre santo. Cuando él escribe y afirma «Pablo, apóstol de Jesucristo... llamado a ser santo»,[138] es una declaración poderosa; de la misma manera, la declaración «ya no vivo yo, sino Cristo en mí...», solo por mencionar algunas que muestran claramente la simbiosis entre Pablo y Cristo. Su muerte como un mártir del Señor fue el testimonio más conspicuo de su discurso, pero no el hecho *per se*, sino la actitud con la que fue al patíbulo es la que deja estupefactos a propios y extraños.

Entonces, cuidémonos de no caer en debates teológicos o enfrascarnos en situaciones escatológicas si no estamos viviendo la vida de santidad que Dios exige de nosotros. La santidad le dará norte a cualquier acto que ejecutemos por la Iglesia y en la Iglesia.

2. Chaleco a prueba de balas

Siguiendo la misma línea de pensamiento anterior, podemos afirmar con toda seguridad que la gente podrá rebatir nuestra argumentación, incluso podrá hacernos ver ridículos en ocasiones, pero siempre doblaran la cerviz ante nuestra santidad. Si hay algo que la gente respeta es la integridad, la honestidad, y ese es nuestro chaleco a prueba de balas. Es de capital impor-

---

[138] Esta es la expresión con la que usualmente se introduce Pablo a sí mismo en sus epístolas.

tancia que todos aquellos que de una manera servimos al Señor y los que predicamos o enseñamos y tenemos un ministerio público y visible guardemos nuestro código de ética.

La metáfora del chaleco a prueba de balas viene por una serie de aspectos prácticos, uno de ellos es la función que realiza, y es la de proteger a la persona. La vida de santidad nos protegerá y nos mantendrá a flote en el sagrado ministerio al cual Dios no ha llamado. En segundo lugar, porque muestra el hecho de que la persona que lo usa está en constante peligro. Somos el blanco predilecto de Satanás: este utilizará toda su artillería pesada y sapiencia para hacernos tropezar, por eso debemos estar preparados para hacerle frente; y, finalmente, el chaleco a prueba de balas muestra precaución. Es esa conducta proactiva que toma la persona con el objeto de adelantarse a cualquier hecho futuro. Viviendo la vida de santidad mostramos ser precavidos y sabios a la vez.

En este apartado se habló de la actitud de compromiso que debemos tener con el Reino de Dios. En tal sentido, se habló en primer lugar de la importancia de la vida de santidad. Con esto se deja claro que cualquier perorata que hagamos o cualquier esfuerzo que realicemos en probar tal o cual punto no tiene ningún valor si no somos hijos del Reino y vivimos la vida que Dios quiere que vivamos. En segundo lugar, se deja claro que la vida de santidad nos protegerá de cualquier peligro que se cierna sobre nosotros.

En este tercer capítulo se abordó cuál debe ser la actitud de la Iglesia frente a los acontecimientos tanto actuales como futuros. En ese sentido, se dejó claro que nuestra primera actitud debe ser de respeto ante la Palabra de Dios, lo que evitará que incurramos en herejías, que mantengamos un espíritu de denuncia contra el error, una actitud de enfocarnos en las doctrinas periféricas de la escatología, manteniendo un profundo respeto con aquellas personas que difieren de nuestro pensamiento; y, finalmente, se trató la importancia de mantener un compromiso con el Reino de Dios, que en este caso específico es observar una vida de santidad.

Este capítulo nos lleva al final de este trabajo de investigación, y es clarificar el sentido que el fin del mundo tiene para unos y para otros. Para unos, será un día de bendición y para otros será un día de condenación y perdición eterna.

CAPÍTULO 4

Fin del mundo: ¿desastre y maldición o esperanza y bendición?

De que existe el fin del mundo, existe, esto no está en el tapete de la discusión, todos sabemos que este es un evento irreversible sea que lo confesemos o que lo neguemos, lo sabemos porque nacemos con esa idea innata, como lo hemos venido repitiendo a lo largo de este trabajo, está en nuestro ADN. A esto se le llama 'la paradoja del fin del mundo'. El detalle con este hecho es saber qué significa el fin del mundo para mí: ¿desastre o esperanza?, ¿maldición o bendición? La forma como usualmente se plantea el fin del mundo es como un acontecimiento desastroso, donde ocurrirán eventos terribles que ningún ser humano quiere experimentar. En la Teología Dispensacionalista se le llama a este período «gran tribulación», y la Iglesia por ningún motivo pasará por ese terrible período: este está reservado exclusivamente para los no creyentes. Lo curioso de todo esto, es que casi nunca se presenta el fin del mundo como un evento glorioso, como un evento al que tenemos que aguardar con una gran expectativa y ansia. Cuando se habla de este tema, usualmente la advertencia profética es que estemos preparados, es que nos pongamos a cuentas con Dios y que procedamos a arrepentirnos o arreglar cualquier situación pendiente, pero casi nunca ejercemos una función profética donde se llama al pueblo a la celebración, al júbilo, a la victoria final. Sin lugar a dudas el himnólogo sí entendió bien el mensaje de la Palabra cuando escribe el poema que dio origen a uno de los himnos más queridos de la Iglesia de Latinoamérica:

Cuán gloriosa será la mañana
cuando venga Jesús el Salvador,
las naciones unidas como hermanas
bienvenida daremos al Señor.

CORO

No habrá necesidad, de la luz ni el resplandor,
ni el sol dará su luz, ni tampoco su calor,
allí llanto no habrá, ni tristeza, ni dolor,
porque entonces Jesús, el Rey del cielo,
para siempre será el consolador.

Esperamos la mañana gloriosa
para dar la bienvenida al Dios de amor,
donde todo será color de rosa
en la santa presencia del Señor.

El cristiano fiel y verdadero
y también el obrero de valor,
y la Iglesia esposa del Cordero
estarán en los brazos del Señor.

Aunque el himno no debe interpretarse literalmente para efectos teológicos, sí nos presenta la verdadera dimensión de la parusía del Señor, la cual es su segunda venida, que será un acontecimiento glorioso; pero para que esto ocurra es necesario que Dios ponga fin a este sistema: una cosa trae a la otra, y si nuestra vista está en la parusía, ¿por qué preocuparnos del dolor?

En este último capítulo será objeto de estudio, primero, «El fin de todas las cosas se acerca», y, luego, «Un nuevo día se acerca».

A. El fin de todas las cosas se acerca

Al hablar del fin del mundo no debemos verlo desde la perspectiva del fin material de las cosas solamente; existe algo más profundo que eso, un mundo espiritual que ha creado Satanás[139] al que se le llama el 'cosmos satánico'.[140] Este es un sistema en el cual Satanás ha organizado a la humanidad incrédula desde siempre. Este cosmos, cuyo origen se da con Satanás, existe mediante un decreto permisivo de Dios, que le permite, valga la redundancia, a Satanás gobernar no solamente a los demonios, sino a todos aquellos seres humanos que no han entrado al Reino de Dios mediante el arrepentimiento. Dios, en su infinita sabiduría, ha permitido la existencia de este cosmos espiritual para probar la mentira de su artífice y el error de sus seguidores, en tal sentido es un sistema sentenciado a su destrucción desde antes de que existiera. De manera que hay que tener claro que, cuando se habla del fin del mundo, en realidad de lo que se está

---

[139] Por eso el texto sagrado le llama a este engendro «el príncipe de este mundo» o también le llama «el Dios de este siglo».

[140] Para mayor información sobre este tema., *vide* ZALDÍVAR, Raúl. *Teología Sistemática desde una perspectiva latinoamericana* (*op. cit.*, pág. 232 y sigs.).

hablando es del fin de este sistema gobernado por Satanás.[141] Es obvio que, el fin al que nos referimos tiene implicaciones físicas o materiales, es decir, que el fin de este sistema tiene que ver con todo lo que existe en este planeta, y la razón de eso es que, cuando el hombre acepta el camino propuesto por Satanás en el Jardín del Edén, el hombre puso bajo maldición la naturaleza, la flora, la fauna... todo se volvió bajo una maldición, como muy bien lo expresa el apóstol Pablo en Romanos, capítulo 8, por tal razón, todo debe ser completamente destruido y Dios hará todo nuevo, como bien señala el texto sagrado.

En esta ocasión se tratará dos aspectos muy importantes acerca del fin, primero que Apocalipsis no es sinónimo de desastre y segundo que el Apocalipsis es el principio.

1. Apocalipsis no es sinónimo de desastre

Para el mundo pagano, Apocalipsis,[142] es una palabra asociada directamente con desastres naturales que provocan la

---

[141] Un libro extraordinario en el campo de la economía que desnuda la perversidad del cosmos satánico es el escrito por Loretta Napoleoni, que fue traducido al castellano como la *Economía canalla*. Este libro nos ofrece una visión espeluznante del mundo actual bajo el nuevo orden global. *Economía canalla* es un ensayo escrito con lucidez y lleno de información para descubrirnos y exponernos los peligros de un mundo gobernado por la economía canalla que se basa en fomentar lo que llama el «mercado matrix» en el que estamos todos metidos. Y es que «casi todos los productos que consumimos tienen una historia oscura escondida, desde el trabajo esclavo hasta la piratería, desde la falsificación al fraude, desde el robo al blanqueo de dinero. Sabemos muy poco sobre estos secretos económicos porque los consumidores modernos también viven dentro del mercado matrix». Un mercado en el que básicamente se nos crean ilusiones hasta convertirse en fantasías económicas que pueden esclavizar, gobernar y por último poner término a nuestras vidas. Desde las ilusiones de «que los alimentos bajos en calorías son saludables cuando contienen en cambio más sal. Y es que la sal mata a más gente que el tabaco, pero nos bombardean con campañas antitabaco, cuando este en realidad debería prohibirse. Pero en este caso, lo que hay es un acuerdo secreto a alto nivel para que mientras las empresas tabacaleras puedan invertir en alimentos que también matan». *Vide* NAPOLEONI, Loretta. *Rogue Economics*. USA, Seven Stories Press, 2008.

[142] En el idioma griego lo que esta palabra significa es 'revelación' simplemente. No tiene nada que ver con destrucción ni fin de la cosas. Ahora, la revelación que se hace en dicho escrito sí tiene una relación directa con el fin.

destrucción y desolación del planeta. Esto está claramente evidenciado en las producciones cinematográficas de Hollywood donde los ejemplos que hemos aportados son abundantes.[143]

El desafío que nosotros tenemos es el de cambiar la mentalidad de las personas en el sentido de mostrar que, si bien es cierto, el fin de todas las cosas involucra desastres naturales y humanos, en realidad es un proceso metamórfico que transformará la naturaleza en la que vivimos, pues la libera de la maldición a la que fue sujeta a causa del pecado, pero también erradicará la naturaleza corrupta o pecado innato con el cual todos los seres humanos nacemos, una naturaleza que nos ha llevado a cometer cualquier suerte de pecados y que ha provocado el descalabro en el cual el ser humano vive en la actualidad. Sobre este tema Billy Graham señala:

El Apocalipsis no es un documento académico producido en una reunión de eruditos. No es un poema creado por un talentoso genio para entretener o divertir. No es el diario de un hombre senil llevado por sus alucinaciones y su soledad. El Apocalipsis es la carta de un pastor a su rebaño, un telegrama urgente que contiene el plan de una brillante batalla para el pueblo que está en una guerra. Refleja el horror real y el dolor que causa ver a los muertos en el campo de batalla. Es franco y provoca pánico, pero es un plan para la victoria: quizás para cada batalla, seguramente para la guerra.[144]

En realidad, la forma correcta de interpretar el Apocalipsis es como la revelación de Dios mediante la cual da a conocer al ser humano el plan de restauración de la imagen de la criatura hu-

---

[143] *Vide supra* pág. 19 y sigs.

[144] *Vide* GRAHAM, Billy, *Storm Warning*, USA, Word Publishing, 1992; pág. 75.

mana y de la naturaleza como ya hemos apuntado. Si lo vemos desde este ángulo, el Apocalipsis de San Juan no es un escrito que debemos relacionar con desastres, sino un escrito que debemos relacionar con un nuevo amanecer para el mundo, una esperanza gloriosa por la cual Jesucristo murió en nuestro lugar. En definitiva, ni lo que significa la palabra Apocalipsis, ni el contenido de dicho libro debe ser relacionado con desastre, sino con un nuevo amanecer para la creación de Dios.

2. Apocalipsis es el principio, no el fin

Otra concepción errada del vulgo es ver al Apocalipsis como el fin de todas las cosas, cuando en realidad es el principio de todo. Es obvio que este es un pensamiento que Satanás ha puesto en la mente de la humanidad para provocar ansiedad y desequilibrio. La gente con esta mentalidad mira el futuro con pánico, la muerte es una tragedia para ellos y prefieren mucha veces entrar en un trance de negación sobre el futuro que encarar la realidad con valentía.

Cuando estudiamos la Palabra, nos damos cuenta que la muerte es el principio de la vida, puesto que no tiene paragón los pocos años que vivimos en este mundo con la eternidad. En ese mismo sentido el Apocalipsis solamente nos está anunciado el final del sistema cósmico que gobierna Satanás,[145] y de la misma manera nos anuncia un nuevo orden de cosas donde el poder de Satanás sea simplemente historia; en otras palabras, nos anuncia el principio de todo.

---

[145] Al actual orden Scofield lo llama el 'cosmos satánico', cuyo príncipe y dios es Satanás mismo. Este es el sistema que se encuentra corrompido y que no puede reformarse, ni cambiarse, ni transformarse. Solo hay una sentencia para él y es la destrucción, y dicha sentencia ha sido dada por Dios y es de carácter irrevocable. La severidad de la sentencia tiene que ver con el pecado infame de Satanás en contra de Dios. En ese sentido, Apocalipsis es el mensaje de Dios al hombre donde nos muestra que el fin del cosmos satánico es el comienzo de un nuevo orden espiritual. Para mayor información sobre el tema del cosmos satánico, se recomienda ver la nota de Scofield en el libro de Apocalipsis precisamente.

Con este primer apartado se corrobora que el fin del mundo se acerca, esta es una verdad indubitada, empero se afirman dos aspectos claves de esta verdad. El primero es que el Apocalipsis no es sinónimo de desastres como el secularismo intenta hacerlo ver, y, en segundo lugar, dejamos claro que el Apocalipsis debe verse como lo que en realidad es: el principio de todo, no el final de todo.

La anterior conclusión nos allana el camino para el siguiente apartado en el cual afirmamos que un nuevo día se acerca para la Iglesia.

B. *Para la iglesia: un nuevo día se acerca*

Esto es en realidad lo que importa y lo que aprendemos de la Biblia, que *el fin de todas las cosas se acerca*, y como consecuencia lógica, un nuevo día se acerca. Dios pondrá un punto final al cosmos satánico y liberará a la naturaleza de la maldición en la que cayó a raíz del pecado de nuestros de padres. Esta es la esperanza «que no avergüenza»,[146] el saber que un día Dios suprimirá el poder de Satanás y nos liberará de toda una serie de flagelos a los que hemos estado sometidos por miles de años. Ahora, sabemos que esto no ocurrirá de una forma sencilla, sabemos que en los últimos días habrá una serie de manifestaciones extraordinarias, habrá una serie de señales y juicios que serán la antesala del gran día, ese, es en ese momento cuando el ruido del galope de los corceles del Apocalipsis será ensordecedor, anunciándonos que algo grande se aproxima para el hombre. Son estos acontecimientos los que provocan la segregación de adrenalina en el ser humano y lo que genera pavor para algunos, empero no para los que tenemos una relación con Dios, pues esto simplemente es el preludio de un acontecimiento que hemos deseado desde siempre.

---

[146] Romanos 5:5

A continuación veremos cómo la Iglesia debe interpretar este gran acontecimiento que estamos esperando.

1. El futuro nos pertenece[147]

Entender esto es clave porque muchas veces los cristianos no estamos claros o no hemos entendido la verdad acerca de nuestro futuro, pues caminamos por las calles de nuestra existencia como si no tuviéramos porvenir y nos da vergüenza hablar en público de cuál es nuestro futuro en el Señor. Tenemos temor de que la gente nos tilde de locos y nos da pena pregonar el glorioso futuro que nos aguarda. Es sin lugar a dudas una esperanza que no debe avergonzarnos, sino todo lo contrario, una esperanza que debemos proclamarla a los cuatro vientos, y debemos proclamarla de tal manera que provoque la envidia en las otras personas de manera que estas busquen a Dios y pongan su vida en el lugar correcto.

Lo que queremos dejar claro es que tenemos un fabuloso futuro, para usar la terminología de Billy Graham, delante de nosotros y no tiene nada que ver con los adelantos científicos, avances impresionantes de la tecnología que no acaba de sorprendernos año tras año. Nuestro futuro no tiene nada que ver con los avances que los gobiernos de este mundo alcanzan día a día. El mundo secular está fundamentado sobre una base sentenciada a desaparecer, una sentencia irrevocable de Dios confirmada el día de la caída del hombre. De manera que nuestro futuro no está en el mundo secular en el que nosotros vivimos. Nuestro futuro es un futuro que nos pertenece por

---

[147] En su libro *World Aflame*, Billy Graham nos habla del «fabuloso futuro» en el capítulo 18. La exposición la hace en el contexto de los años 60 del siglo pasado, pero cuando vemos los presupuestos ideológicos del capítulo, vemos que los mismos no han variado. La terminología puede cambiar, los fenómenos también, pero la esencia del mensaje permanece incólume. *Vide* GRAHAM, Billy. *World Aflame*, New York: Double Day, 1965; pág. 189 y sigs.

derecho, está fundamentado en el establecimiento del Reino de Dios, que tiene que ver con la erradicación del poder de Satanás y el ejercicio de un gobierno único por Dios. Esta es la Palabra de Dios y esta es nuestra esperanza en relación con un futuro que es nuestro, que nos pertenece.

2. Nacidos para vivir

El corolario de todas las afirmaciones anteriores y del discurso de esta investigación es que hemos nacido para vivir; esta es precisamente la voluntad de Dios: *que ninguno perezca*. La importancia que reviste este deseo es tan magnánimo, que Dios se humanizó y se hizo a sí mismo recipiente de nuestro pecado y culpa, la cual expía mediante el sacrificio de su vida para ratificar y dejarnos claro a todos su amor y la importancia que para Él tiene nuestra vida.

Desafortunadamente, Satanás se ha encargado de tergiversar esto y engañar al hombre mediante burdas mentiras o simplemente desviando nuestra atención, pero la realidad de todas las cosas es que el centro del universo sobre el cual gira la vida es ese: Cristo Jesús murió en nuestro lugar, quien lo recibe tiene vida y quien no lo hace muere.[148]

El plan de Dios no es que ninguno muera, todos los hombres hemos nacidos para vivir y el Apocalipsis es parte de la revelación de Dios, donde nos deja claro que nos aguarda la eternidad, que nos aguarda la realidad y la esencia de la vida, que lo que ahora vivimos en la carne es simplemente «una leve tribulación momentánea».

Para finalizar, ratificar que esta es una doctrina cardinal del cristianismo con la cual no podemos negociar, hemos nacido para vivir, un nuevo orden de cosas nos espera, esta es nuestra

---

[148] Aquí la palabra muerte debe ser interpretada como separación eterna del hombre con Dios purgando un castigo eterno en lugar al que la Biblia llama infierno o lago de fuego.

esperanza. Uno de los ardides principales del enemigo en este respecto es el de acusarnos de estar pensando en el más allá olvidándonos de los grandes problemas que las personas enfrentan en este mundo, como la pobreza, la injusticia, la corrupción y gran cantidad de flagelos. Es obvio que no podemos hacer caso omiso de nuestro contexto y no podemos pasar olímpicamente de todo lo que está ocurriendo a nuestro alrededor; es necesario que intervengamos, pero como en la época de Nehemías, con una mano vamos a poner ladrillos y con la otra vamos a empuñar el arma; parafraseando la expresión, podemos decir que, por un lado, vamos a denunciar el pecado de las naciones y construir un mundo material mejor, pero por el otro vamos a estar esperando el gran día de la redención, porque entendemos que «este mundo no podrá ser nuestro hogar», porque entendemos que «nuestra ciudadanía es celestial» pero por sobre todas las cosas porque «yo sé en quién he creído y estoy seguro que es poderoso de guardarme...». Hemos nacido para vivir.

De esta manera cerramos con este capítulo, que deja claramente establecido que el Apocalipsis debe ser interpretado como la revelación de Dios, donde muestro que un nuevo día se acerca, que el fin del cosmos satánico está más cerca de lo que creemos y que debemos aguardar la parusía del Señor con expectativa y esperanza. Finalmente se dejó claro que el final de todo este discurso es el hecho que hemos nacido para vivir.

CONCLUSIONES

Después de haber efectuado un estudio sobre un tema que apasiona y levanta tanta controversia como es el apocalipticismo, se procede a efectuar las conclusiones, que en todo caso son la mejor opinión del autor, nunca una verdad que no admita discusión, excepto en lo que se refiere a doctrinas cardinales de la escatología. Aparte de la excepción anterior, todo está sujeto a discusión y corrección.

Primer capítulo

1. El Apocalipsis es un tema con una triple naturaleza: por un lado fascina a los seres humanos y por otro los espanta, a la vez que causa duda en aquellos que lo estudian. Por tal razón le llamamos a este hecho 'la paradoja del Apocalipsis'.

2. El ser humano nace con un dispositivo, que en este trabajo de investigación usamos la metonimia 'chip'. Lo que esto significa es que todos nacemos con ideas preconcebidas, *inter alia*, la idea del fin del mundo.

3. Gracias a este dispositivo que tenemos, es fácil conectar y activar esta área del hombre. Esto da lugar a que charlatanes tengan éxito con sus profecías mentirosas acerca de la parusía del Señor.

4. En términos concretos, el resultado del chip que produce fascinación en el hombre, es el hecho de que toda aquella literatura que presenta teorías novedosas, concretas, interesantes, desencadene un efecto dominó que haga que los libros se conviertan en *best sellers*. *Verbi gracia*, los escritos de Hal Lindsey, de la escuela de Dallas, que esgrimió teorías fantásticas y predijo fechas para ciertos acontecimientos, se convirtieron en *best sellers* habiendo vendido millones de copias. En ese mismo sentido, el efecto que ha provocado la serie de Tim LaHaye y Jerry B. Jenkins con *Left behind* (*Dejados atrás*): son sencillamente espectaculares las ventas alcanzadas.

5. No existe ninguna duda de que así como en el cine existe los géneros *western*, romance, aventura y acción, existe el género apocalíptico. Es importante clarificar que el género apocalíptico en el cine es diferente del género de ciencia ficción. Es diferente porque el primero se basa en un hecho que el hombre sabe que va a ocurrir, pero que fantasea con ello, en cambio en el género de la ciencia ficción, el productor sabe de antemano que la trama es irreal.

6. Dentro del género apocalíptico podemos efectuar una subdivisión. Las películas relacionadas con cataclismos que provocan devastaciones y las películas relacionados con personajes que representan el mal y a los cuales, usualmente, se les llama 'Anticristo'.

7. El género apocalíptico es uno de los géneros más atractivos de Hollywood porque genera mucho dinero; ellos

saben que a la gente le interesa este tema. Dios nos ha creado para que nos interese.

8. Muchas de las historias que Hollywood desarrolla bajo el género apocalíptico, son historias que podrían ocurrir. Sin lugar a dudas, lo guionistas, los productores y directores han acudido a la Biblia para darle cierta vivacidad a sus historias.

Segundo capítulo

1. 'Los caballos del Apocalipsis' es una expresión simbólica utilizada por el hagiógrafo para significar juicios o eventos relacionados con el fin del mundo.

2. En la tesis premilenarista, los juicios de los caballos del Apocalipsis son eventos futuros, sin embargo, sin endosar la tesis contraria, afirmamos que los cascos de los corceles apocalípticos se escuchan con potencia. Lo que esto significa es que los eventos que cada corcel simboliza son eventos que están ocurriendo actualmente y con una intensidad tal que nos deja pasmados.

3. En este trabajo de investigación estudiamos a los jinetes del Apocalipsis en su dimensión actual, no pasada ni futura, sin que con esto desechemos la tesis dispensacionalista.

4. El caballo blanco simboliza el engaño, que, como la Biblia señala, ha estado presente en la escena humana desde el Jardín del Edén. El caballo rojo simboliza la guerra, no las pasadas ni las futuras, sino toda suerte de violencia actual que estamos viendo a lo largo y ancho de este planeta. El caballo negro simboliza el hambre, que en este caso específico se aplica directamente al flagelo

123

de la pobreza, a la indigencia. Y finalmente, el caballo amarillo que simboliza la enfermedad.

5. Uno de los juegos engañosos de este engendro tiene que ver con el día y la hora de la parusía. Al haber jugado tanto con este tema, Satanás intenta desacreditar el acontecimiento, que marcará el fin de su carrera, y de esta manera hacer ver esta verdad como algo ridículo.

6. En relación con el fin del mundo, no hay nada que predecir. Este es un evento claramente establecido en la Palabra de Dios bajo parámetros bien claros.

7. Las olas que se levantan en la Iglesia son fenómenos completamente normales que hacen que la sociedad avance. Sin embargo, algunas olas pueden ser levantadas por Satanás, como efectivamente ha ocurrido, y puede llevar a las personas a la confusión y la controversia.

8. Si bien es cierto que el oficio de profeta es un ministerio bien establecido en la Biblia, existe una abuso brutal, producto de la ignorancia por parte de personas que se autoproclaman profetas sin tener la mínima idea de lo que esto significa. El oficio profético tiene cinco dimensiones bajo las cuales opera: La denuncia, la proclamación, la llamada al arrepentimiento, la consolación y la predicción. Los indoctos han creído que profecía se circunscribe en la última, cuando en realidad encierra todas las demás.

9. El mundo en el que vivimos se desangra a raíz de la violencia, que ha alcanzado cifras inverosímiles. Antes la violencia se centraba en los enfrentamientos bélicos entre Estados; ahora, los barrios de nuestras ciudades son verdaderos campos de batalla. La industria de las armas es una industria maldita porque provee los medios para

que el hombre libere su odio generando la anarquía y el caos a través de la violencia. La sociedad actual ha creado dos sectores donde vamos a ver la violencia a gran escala: las pandillas y los carteles de la droga.

10. El hambre la vemos en la injusta repartición de las riqueza, donde una minoría detenta la gran mayoría de los recursos de un Estado, en contraposición a las grandes masas que viven no solamente en la pobreza, sino en la indigencia. La codicia y avaricia del hombre es una de las causas de la pobreza y miseria de la gente.

11. El hecho de quitarle la vida a un ser humano es producto del odio que existe en el corazón del hombre. El odio que provoca la venganza y, como consecuencia, el efecto bumerán que desencadena un hilo de muertes que deja enlutadas a multitudes de personas. La muerte se da como producto de la inversión de valores que Satanás ha hecho en la mente y en el corazón de las personas. De manera que un mísero teléfono celular tiene mayor valor que la vida.

Tercer capítulo

1. La actitud de la Iglesia ante los acontecimientos actuales, debe ser una actitud de respeto a la Palabra de Dios. Los seres humanos, sea por maldad o por una mala interpretación de la Biblia, deben abstenerse a toda costa de hacer declaraciones que no puedan probarse expresamente en la Biblia.

2. Como el día y la hora de la parusía del Señor entra dentro de esa categoría de hechos que no pueden probarse, es una necedad y falta de respeto a la Biblia el intentar

hacer cábalas y señalar un día y una hora para el fin del mundo.

3. La Iglesia debe mantenerse vigilante y no debe quedarse callada ante el engaño; en tal sentido, debe pronunciarse y efectuar todo tipo de actividades que eduquen a la Iglesia sobre este tipo de temas para evitar incurrir en la herejía.

4. A estas alturas de la escena, es completamente ridículo que la Iglesia se enfoque en aquellos aspectos de la escatología que nadie sabe con seguridad si van o no a pasar, aunque los presentamos como hechos indubitables. Estos hechos periféricos y cuestionables dividen a la Iglesia y crean confusión y descredito frente al mundo, de manera que sería más sabio enfocarse en aquellas doctrinas y verdades incuestionables de escatología, como lo son la parusía del Señor, el juicio, la represión de los impíos y la recompensa de los justos.

Cuarto capítulo

1. La parusía del Señor será un día de desastre y maldición para todas aquellas personas que han sido rebeldes a la Palabra de Dios, y el hecho de que los no convertidos vean al fin del mundo como un acontecimiento de desastre es porque dentro de ellos mismos está esa idea, y ellos saben que lo que el fin del mundo representa es desastre y maldición.

2. Nunca un cristiano regenerado debe ver el fin del mundo con los mismos anteojos de aquellas personas que no tienen ni fe ni esperanza. El fin del mundo debe ser un acontecimiento que la Iglesia aguarde con anhelo y optimismo.

3. Es de suma importancia tener claro que cuando se habla del fin del mundo, en realidad, se está hablando del fin de un sistema al que se le llama en teología, 'el cosmos satánico'. Este sistema tuvo su inicio en la esfera humana en el momento en que nuestros padres pecaron. A partir de ese momento, Satanás dio inicio a un reino que tendrá su fin el día de la parusía del Señor. De manera que, cuando hablamos del fin del mundo, de lo que realmente estamos hablando es del fin del cosmos satánico y del comienzo de una era donde no existe más las dicotomías bien-mal, Reino de Dios-reino satánico, luz-tinieblas, verdad- mentiras, entre otras.

4. De la misma manera como la mujer que va a dar a luz padece dolores de parto, así padeceremos previamente a la segunda venida de Cristo; sin embargo, cuando el acontecimiento glorioso ocurra, nadie recordará los juicios del Apocalipsis. Estos serán historia y una inconmensurable dicha embargará nuestros corazones.

BIBLIOGRAFÍA USADA Y SUGERIDA

I. Manuales de Teología

BERKHOF, L.: *Introducción a la Teología Sistemática*, USA: ed. The Evangelical Literature League, Grand Rapids (Michigan), 1982.

BERKHOF, L.: *Teología Sistemática*, USA: ed. T. E. L. L., Grand Rapids (Michigan), 1983; 6.ª ed.

CHAFER, Lewis Sperry: *Teología Sistemática*, Milwaukee (Wisconsin, USA): ed. Publicaciones Españolas Inc., 1986; 4.ª ed., tomos I y II.

LACY, G. H.: *Introducción a la Teología Sistemática*, El Paso (Texas, USA): ed. Casa Bautista de Publicaciones, 1986; 5.ª ed.

PURKISER, W. T. y otros: *Explorando Nuestra Fe Cristiana.* Kansas City (Misuri, USA): ed. Casa Nazarena de Publicaciones, 1988; 2.ª ed.

RYRIE, Charles C.: *A Survey of Bible Doctrine*, Chicago (Illinois, USA): ed. Moody Press, 1981; 15.ª ed.

WILEY, Orton H.: *Christian Theology*, Kansas City (Misuri, USA); ed. Beacon Hill Press, 1969; 13.ª ed.

ZALDÍVAR, Raúl: *Teología Sistemática desde una perspectiva latinoamericana*, Barcelona (España): ed. CLIE, 2006.

II. Libros especializados de escatología

ALMEIDA, Abram de: *Israel, Gog y el Anticristo*, Miami (Florida, USA): ed. Vida, 1989; 7.ª ed.

BEST, W. E.: *Christ's Kingdom is Future*, Houston (Texas, USA): ed. W. E. Best Book Missionary Trust, 1992; (vols. I a III).

BRIDLE, Wayne A.: *Daniel and Revelation.* ed. Liberty University School of Religion.

BROOKE, Tal: *When the World Will Be As One*, Eugene (Oregón, USA): ed. Harvest House Publishers Inc., 1989.

CARBALLOSA, Evis L.: *Daniel y el Reino mesiánico*, Grand Rapids (Michigan, USA): ed. Publicaciones Portavoz Evangélico, 1979.

DEHAAN, M. R.: *The Jew and Palestine in Profhecy*, Grand Rapids (Michigan, USA): ed. Zondervan Publishing House, 1967: 6.ª ed.

DEMAR, Gary: «La verdad detrás de *Dejados atrás*», *Biblical Worldview*, American Vision, edición de marzo de 2001.

GRAHAM, Billy: *Storm Warning*, USA: Word Publishing. 1992.

GRAU, José: *Curso de formación teológica*, Barcelona (España): ed. CLIE, 1993; tomo 7.

HAGEE, John: *Principio del fin*, USA: Betania, 1996.

HAGIN, Kenneth E.: *Seven Steps for Judging Prophecy*, Tulsa (Oklahoma, USA): ed. Faith Library Publications, 1982; 4.ª ed.

HAUFF, Louis H.: *Israel in Bible Prophecy*, Springfield (Misuri, USA): ed. Gospel Publishing House, 1961.

HUNT, Dave: *Global Peace & the Rise of Antichrist*, Eugene (Oregón, USA): ed. Harvest House Publishers, 1990.

JAMES, Edgar C.: *Arab, Oil & Armageddon*, Chicago (Illinois, USA): ed. Moody Press, 1994; 8.ª ed.

KINMAN, Dwight: *The New Order*, Elizabeth Town (Pensilvania, USA), ed. Mary E. Royer, 1992.

KIRSCH, Jonathan: *History of the End of the World*, Harper San Francisco, 2006.

LA CUEVA, Francisco: *Curso de formación teológica*, Barcelona (España): ed. CLIE, 1993; tomo 9.

LAHAYE, Tim: *The Rapture*, USA: Harvest House Publishers, 2002.

LINDSAY, Gordon: *The Two Babylon*, Dallas (Texas, USA): ed. Christ for the Nations, 1988; (Revelations Series, vol. 13).

LINDSELL, Hal: *The Gathering Storm*, Weathon (Illinois, USA): ed. Tyndale House Publishers Inc., 1981; 2.ª ed.

LINDSEY, Hal: *The Late Great Planet Earth*, Grand Rapids (Michigan, USA): ed. Zondervan Publishing House, 1973; 35.ª ed.

LINDSEY, Hal: *The Liberation of the Planet Earth*, Grand Rapids (Michigan, USA): Zondervan Publishing House, 1974.

LORIE, Peter: *World's End: 2009*, Nueva York: Jeremy Tarcher, 2004.

MALGO, Wim: *¿Qué nos depara el futuro?*, Montevideo (Uruguay): ed. Obra Misionera Llamada de Medianoche.

MALGO, Wim: *El despliegue acelerado de Rusia hacia Israel*, Montevideo (Uruguay): ed. Obra Misionera Llamada de Medianoche.

MALGO, Wim: *El impresionante cumplimiento de las profecías en nuestros días*. Montevideo (Uruguay): ed. Obra Misionera Llamada de Medianoche, 1989.

MALGO, Wim: *En la frontera entre dos mundos*, Montevideo (Uruguay): ed. Obra misionera Llamada de Medianoche.

MARTIN, Alfred: *Daniel: The Framework of Profhecy*, Chicago (Illinois, USA): ed. Moody Bible Institute, 1980; 9.ª ed.

PENTECOST, Dwight J.: *Eventos del porvenir*, Miami (Florida, USA) ed. Vida, 1985.

PENTECOST, Dwight J.: *Prophecy for Today*, Grand Rapids (Michigan, USA): ed. Zondervan Publishing House, 1966; 6.ª ed.

ROBERTS, Oral: *End of Time!*, Tulsa (Oklahoma, USA): ed. Heliotrope Publications, 1969.

SWAGGART, Jimmy: *¿Tendrá que pasar la Iglesia por la gran tribulación?*, Baton Rouge (Luisiana, USA): ed. Jimmy Swaggart Ministries, 1982.

VANDER LUGHT, Herbert: *There is a New Day Coming. A Survey of the endtimes events*, (Nueva York, USA): Nueva York International Bible Society. 1983.

WALVOORD, Juan F. y Juan E. Walvoord: *Armagedón*, Miami (Florida, USA): ed. Vida, 1981; 5.ª ed.

WILKERSON, David.: *El llamado final*, Miami (Florida, USA): ed. Vida. 1998.

WILKERSON, David: *La visión*, Miami (Florida, USA): ed. Vida; trad. 1975.

III. Otras fuentes

ARANDA PÉREZ, G., F. García Martínez y M. Pérez Fernández: *Literatura judía intertestamentaria*, España: ed. Verbo Divino, 1996.

BARBOUR, Scott: *Gangs*, USA: Thompson Corporation. 2006.

BENÍTEZ, J. J.: *El testamento de San Juan*, España: Editorial Planeta, 1994.

CEPAL, «Panorama Social de América Latina», informe del año 2009, pág. 54.

DELCOR, M. y F. García Martínez: *Introducción a la literatura esenia de Qumran*, España: Ediciones Cristiandad, 1982.

DÍEZ MACHO, Alejandro: *Apócrifos del Antiguo Testamento*, España: Ediciones Cristiandad, 1984: tomos I a V.

DUDLEY William y Louise Gerdes: *Gangs*, USA: Greenhaven Press, 2005.

FUMERO, Mario: *El futuro del Medio Oriente*, Honduras: Producciones Peniel, 2003.

GALEANO, Eduardo: *Las venas abiertas de América Latina*, Argentina: Siglo XXI, 1970.

GOLDSCHEIDER, Calvin: *The Arab-Israeli Conflict*, USA: Greenwood Press, 2002.

GONZÁLEZ, Justo: *Historia del cristianismo*. Editorial Unilit.

GRAHAM, Billy: *World Aflame*, Nueva York: Double Day. 1965.

HARMS, Gregory. *The Palestine-Israel Conflict*, USA: Pluto Press, 2005.

INBAR y Zilberfarb: conferencias publicadas en *The Politics and Economics of Defense Industries*, London: Besa Studies in International Security, Frank Cass Publishers, 1998.

IRONSIDE, H. A.: *De Malaquías a Mateo, 400 años de silencio*, Barcelona (España): ed. CLIE, 1990.

JOSEFO, Flavio. *Las guerras de los judíos*, Barcelona (España): ed. CLIE, 1990; tomos I y II.

JOSEFO, Flavio: *Antigüedades de los judíos*, Barcelona (España): ed. CLIE, 1988; tomos II y III.

LEGARDA, Astrid: *El verdadero Pablo, sangre, traición y muerte*, Ediciones Dipon. 2005.

MARTÍNEZ, José María: *Hermenéutica bíblica*, Barcelona (España): ed. CLIE, 1984.

NAPOLEONI, Loretta: *Rogue Economics*, USA: Seven Stories Press, 2008.

OTERO, Aurelio do Santos: *Evangelios apócrifos*, España: ed. BAC, 2005.

PHELAN, J. W.: *Philosophy: Themes and thinkers*, Cambridge University Press, 2005.

PIERRE, Andrew: *The Global Politics of Arms Sales*, USA: Princeton University Press, 1982.

REPORTEROS DE TELEVISA: *La nueva guerra. Objetivo Saddam*, México: ed. Grijalbo, 2004.

ROLEFF, Tamara (editor): *The War on Drugs*, USA: Greeenhaven Press, 2004.

RUSSEL, D. S.: *El período intertestamentario*, ed. Casa Bautista de Publicaciones, 1983; 3.ª ed.

SALEM, Paul: *Bitter Legacy*, USA: Syracuse University Press, 1994.

SMITH, W.: *Entre los dos Testamentos*, Barcelona (España): ed. CLIE, 1985.

TAYLOR, Alan: *Arab Balance of Power*, USA: Syracuse University Press, 1982.

VANDEN, Harry y Gary Prevost: *Politics of Latin America. The game of Power*, USA: Oxford University Press, 2009.

ZALDÍVAR, Raúl: *Crítica Bíblica*, Barcelona (España): ed. CLIE, 1996.

ZALDÍVAR, Raúl: *Doctrina de Santidad*, Barcelona (España): ed. CLIE, 2001.

ZALDÍVAR, Raúl: *La Paradoja de los pandilleros: víctimas y victimarios*. Editorial publicado en *Diario la Razón* de Tegucigalpa.

IV. Páginas de internet y periódicos

<http://mix983.univision.com/fotos/slideshow/2011-05-23/diez-predicciones-fallidas-sobre-el-fin-del-mundo?refPath=/noticias/mundo/noticias-curiosas.>

<http://worldwide.familyradio.org/es/literature/waat/waat_contents.html>

<http://www.contra-mundum.org/castellano/demar/verdad.pdf>

<http://www.envio.org.ni/articulo/3337>

<http://www.forocoches.com/foro/showthread.php?t=759542>

<http://www.planetadepeliculas.com/ver-pelicula-el-dia-de-manana.html>

«Armas de Destrucción», *Clarín* de Buenos Aires, 11 de junio del año 2007, Buenos Aires (Argentina).

«Fechas mentirosas de embusteros creando falsas esperanzas después del año 70», <http://www.jesucristosoberano.com.ar/2008/html/fechas-falsas.htm>

«Octubre será "el fin del mundo"», diario *La Tribuna*. Edición del 26 de mayo 2011. Tegucigalpa, Honduras.

PIOT, Oliver. «De l'indignation a la Révolution», <www.monde-diplomatique.fr/2011/-02/PIOT/20114>

ROPERO, Alfonso. «El fin del mundo una vez más». <http://www.nihilita.com/2011/05/el-fin-del-mundo-una-vez-mas.html>

ZALDÍVAR, Raúl: «La Paradoja de Los Pandilleros: víctimas y victimarios», editorial publicado en diario *La Razón* de Tegucigalpa.